Leckere Rezepte aus dem Kräutergarten

Heide Rau / Marion Nickig

Leckere Rezepte

aus dem Kräutergarten

Ellert & Richter Verlag

Inhalt

9 **Die Lust am Gärtnern**
16 **Er heilt Leib und Seele – der Kräutergarten**
20 Kräuter in der Küche
22 Gut gewürzt ist halb verdaut
24 Der Kräutertest
26 Süße Kräuter
27 Eine gewisse Vorsicht im Umgang
30 Moderne Kräutergärten
32 Kräuter im Garten
35 Nicht nur Kräuter im Topfgarten für Terrassen und Balkons
38 Gestalten mit Töpfen
41 Pflanzen für den essbaren Topfgarten
42 Ein schöner Arbeitsplatz zum Umtopfen
43 Trocknen und Konservieren der Kräuter
46 **Kräuter von A–Z – Pflanzenporträts**
46 Angelika *Angelica archangelica*
47 Bärlauch *Allium ursinum*
50 Basilikum *Ocimum basilicum*
52 Bohnenkraut *Satureja*
53 Borretsch *Borago officinalis*
55 Brennnessel *Urtica dioica*
58 Dill *Anethum graveolens*
59 Duftpelargonie *Pelargonium fragranse*
62 Estragon *Artemisia dracunculus*
63 Fenchel *Foeniculum vulgare*
65 Kapuzinerkresse *Tropaeolum majus*
68 Kerbel *Anthriscus cerefolium*
69 Knoblauch *Allium sativum*
72 Knoblauchsrauke *Alliaria petiolata*
74 Knolau *Allium tuberosum*
75 Koriander *Coriandrum sativum*
77 Kresse *Lepidium sativum*
77 Kümmel *Carum carvi*
79 Lauch *Allium*

82 Lavendel *Lavandula angustifolia*
85 Liebstöckel *Levisticum officinale*
86 Lorbeer *Laurus nobilis*
87 Majoran *Origanum majorana*
88 Meerrettich *Armoracia rustikana*
92 Minze *Mentha*
95 Oregano *Origanum vulgare*
96 Petersilie *Petroselinum crispum*
98 Pimpinelle *Sanguisorba minor*
99 Rosmarin *Rosmarinus officinalis*
101 Salbei *Salvia officinalis*
106 Sauerampfer *Rumex rugosus*
107 Schnittlauch *Allium schoenoprasum*
108 Shiso/Schwarznessel *Perilla frutescens*
109 Süßdolde *Myrrhis odorata*
111 Thymian *Thymus*
114 Weinraute *Ruta graveolens*
116 Winterhecke *Allium fistulosum*
117 Zitronenmelisse *Melissa officinalis*
118 Zitronenverbene *Lippia citriodora, syn. Aloysia triphylla*
120 Zwiebel *Allium cepa*, Etagenzwiebel *Allium cepa* var. *proliferum*
128 **Rezepte – wohlschmeckend und gesund**
134 **Rezepte Vorspeisen**
152 **Rezepte Hauptspeisen**
160 **Rezepte Nachspeisen**
166 **Rezepte Essige, Öle und anderes**
190 **Rezeptverzeichnis**
196 **Bezugsquellen**
198 **Literaturverzeichnis**
199 **Kräuterpflanzenregister**
203 **Register der botanischen Namen**
208 **Impressum**

Für meine Enkelkinder
Luca, Jamie und Milla

Die Lust am Gärtnern

Schöne Gärten gehören zu den letzten Paradiesen unserer Zeit. Als schön empfindet man sie, wenn Pflanzen und Architektur in ihnen eine harmonische Verbindung eingehen und ein Gleichklang von Haus, Garten, Natur und Umgebung geschaffen wurde. Der Garten ist aber ein Erlebnis für alle Sinne, nicht nur für das Auge. Seine Vollendung erfährt er daher in der gelungenen Kombination von Schönheit und Nutzen. Nur die Hand auszustrecken nach einem rotbackigen Apfel, nach sonnenwarmen Erdbeeren oder knackigen Kirschen ist ein wahrhaft sinnliches Erlebnis. Hier sind wir der Natur und den Jahreszeiten so nahe wie nirgends sonst, erleben Säen und Ernten, Wachsen und Gedeihen. Gut gestaltete Gartenbereiche können Nützliches für die Küche hervorbringen, sind doch viele Früchte des Gartens erst Augen-, dann Gaumenschmaus. Die Natur bietet ein erstaunliches Angebot an originellen, nahrhaften und gesunden Zutaten: heimische und mediterrane Kräuter aus dem Kräutergarten, aromatische Wildkräuter und farbige Salate und essbare Blüten zum Dekorieren. Ohne gute Produkte gibt es keine gute Küche. Viele Gourmetköche lassen ihre Zutaten per Express aus dem Ausland anrollen. Es gibt inzwischen aber auch einige unter ihnen, die es vorziehen, selbst Gemüse- und Kräutergärten anzulegen.

Für die Gärtner, die Gemüse, Früchte und Kräuter im eigenen Garten ernten können, liegen die Vorteile klar auf der Hand: keine

Folgende Doppelseite:
Ein fröhlicher Sommerstrauß, der anregt, die leckeren Kräuter vor allem in der Küche zu verwenden, zum Beispiel ein kleiner Tomatensalat mit Basilikum, dekoriert mit Fenchelblüten.

Vorhergehende Doppelseite:
Wenn der Kräutergarten mit einem Zaun umrahmt ist, lässt sich die Abgrenzung wunderbar mit rankender Kapuzinerkresse bepflanzen.

Goldhopfen umrankt einen romantischen Sitzplatz im Kräutergarten. Blühender Muskatellersalbei und Königskerzen erheben sich dominant aus den buchsumsäumten Beeten. Hier kann man wunderbar entspannen und den Garten genießen.

überdüngten Gemüse, ungespritzte Früchte, absolute Frische und die Möglichkeit, zum richtigen Zeitpunkt zu ernten. Die Menschen waren in allen Zeiten sehr erfinderisch, wenn es darum ging, die nutzbaren Pflanzen „von Kopf bis Fuß“ zu verwerten. Von der Wurzel über Stängel, Blatt, Blüte, Samen und Früchte, alle Pflanzenorgane in den verschiedensten Vegetationsstadien können noch heute wie in früheren Zeiten die Nahrungspalette bereichern. Vieles davon ist in Vergessenheit geraten, aber es wird gerade wieder neu entdeckt. Natürlich gestaltete, schöne Gärten geben uns ein Stück vom Kindheitsparadies zurück. In Marcel Prousts Werk „Auf der Suche nach der verlorenen Zeit“ findet der Dichter in Duft und Geschmack eines Lindenblütentees seine Kindheit wieder, die sorglosen Nachmittage mit duftendem Tee und frischgebackenen „Madeleines“ zum Einstippen. Wir alle haben unsere Kindheitserinnerungen: vielleicht an den köstlich erfrischenden Himbeersaft an heißen Tagen, an die erste Erdbeertorte im Juni, an zarte Kohlrabi und Möhren, zum Knabbern direkt aus dem Garten geholt, an Sauerampfer und mehlige Weißdornbeeren oder an den süßen „Honig“ aus den Taubnesselblüten. Diese Genüsse sind wieder aktuell. Sauerampfersuppe und -salat, Rohkost aus den ersten, zarten Frühlingsgemüsen: Gesundheit à la carte, leicht und frisch zubereitet. Essen kann ein Erlebnis sein, so wie es in vielen südlichen Ländern unverändert Brauch ist: mit Familie und Gästen in gemütlicher Runde zu tafeln.

Aroma der Kindheit: Tee aus duftenden Lindenblüten und „Madeleines“, das besondere französische Gebäck, wie Marcel Proust es liebte.

Lindenblütentee
Ein duftender wohlschmeckender Lindenblütentee aktiviert die Abwehrkräfte gegen Erkältungen in der kalten Jahreszeit.

1 Tl Lindenblüten (gehäuft)
1/4 l Wasser
Honig

Die Lindenblüten mit dem kochenden Wasser aufgießen und 10 Minuten ziehen lassen. Als Vorbeugung nur mäßig warm trinken. Im Krankheitsfall 2 Tl Lindenblüten nehmen und den Tee heiß trinken.

Im Sommer schmeckt der grüne Spargel mit Lavendel und Minze besonders erfrischend.

Dazu gehören ein liebevoll gedeckter Tisch, jahreszeitlich angepasste Gerichte, viel Muße und anregende Tischgespräche. In dieser Weise ist Essen nicht nur sättigend, sondern auch Nahrung für die Seele. Die „Früchte des Gartens" genießen: Experimentieren ist erlaubt und spannend. Die wunderbaren Gaben der Natur garantieren eine kreative, gesunde Küche.

Die hier vorgestellten Kräuterrezepte sind in der Regel für vier Personen ausreichend. Sie sind als Anregung gedacht und können nach Lust und Laune und mit den gerade vorhandenen Zutaten abgewandelt werden. Aus dem Kräutergarten gibt es Köstliches zu ernten! Eine klare Trennung zwischen Nutz- und Ziergarten ist nicht nötig. Kleine Gärten können überraschen, wenn Elemente aus den einzelnen Gartentypen geschickt eingesetzt werden und auch die Höhe genutzt wird – zum Beispiel mit dem „essbaren Topfgarten" vor der warmen Garagenwand mit mediterranen Kräutern und Paprika- und Tomatenpflanzen oder einem Mini-Kräutergarten vor der Küchentür. Aber zum vollendeten Genuss des schönen und nützlichen Gartens gehören noch andere Zutaten: Bänke in den einzelnen Gartenbereichen, ein Abendsonnenplatz für den Aperitif vor dem Essen, eine kleine Wiese für ein sommerliches Picknick im Garten und vielleicht sogar ein Pavillon für den Nachmittagstee. Auch Wasser bereichert und verändert einen Garten. Ein erfrischendes Element an heißen Sommertagen sind Springbrunnen, Wasserstellen und Teiche – all dies reizvolle Gestal-

tungsmittel, um im Garten wohnen und auch essen zu können. Überall können Kräuter wachsen: direkt neben dem Liegestuhl, neben einer Bank oder in der Nähe des Essplatzes. Mit den vielfältigen Düften und Aromen fällt das Genießen leicht.

Die klassische jahrhundertealte Anordnung im Bauerngarten: Ein Wegekreuz unterteilt die Anlage in vier Quadrate. Kräuter, Gemüse und Blumen gruppieren sich um eine kompakte Buchskugel. Im Frühjahr säumen Akelei, Iris und Vergissmeinicht die buchsumrandeten Beete.

Er heilt Leib und Seele – der Kräutergarten

Im Mittelpunkt des Kräutergartens befindet sich ein Rondell aus der Weinraute *Ruta graveolens*, die sich auch als Hecke ziehen lässt. In den Beeten wachsen unter anderem Fenchel, Angelika und Salbei.

In historischen Kräutergärten spüren wir, dass sich der Puls der Zeit verlangsamt. Die klösterliche Ruhe, nur von Bienen- und Hummelgesumm durchbrochen, die strenge Ordnung der Anlage mit den duftenden Kräutern, die so ungewöhnliche Namen tragen wie Engelwurz, Odermennig, Alant und Tausendgüldenkraut, versetzt uns aus unserer unruhigen, hektischen Welt für einen Moment in frühere Zeiten, als die Kräuter noch magische Kräfte hatten. Sie haben im Wesentlichen ihr Aussehen aus früheren Jahrhunderten behalten, nur in einigen Fällen sind sie weitergezüchtet worden. Die sanften Farben der Blüten und die unterschiedlichen Grün- und Silbertöne der Blätter vermitteln eine ganz andere Atmosphäre als ein bunter, überschwänglich blühender Blumengarten. Die zeitlose Ausstrahlung der Kräutergärten beruht auf der geometrischen Anordnung der buchsgesäumten Beete, die schon seit Jahrhunderten den grünen Rahmen der Pflanzen bilden.

Die übliche Aufteilung des Gartens in kleine, schmale Beete ist übersichtlich und praktisch zum Ernten und für die Pflege. Schmale, gepflasterte oder mit Kies bestreute Wege führen zu den Kräutern. In der Mitte der Anlage steht eine Sonnenuhr oder ein mit Blumen bepflanztes Rondell. Dieses geschützte Klima ist besonders für die mediterranen Kräuter günstig, und außerdem kann sich der Duft der aromatischen Pflanzen hier besonders gut entwickeln. Im Klos-

Der rotblättrige Salbei *Salvia officinalis* 'Purpurascens' und der zartlila blühende Thymian *Thymus serpyllum* gedeihen gut im Topf. Beide sind auch küchengeeignet.

ter selbst gab es früher immer auch eine Officina, eine Apotheke, in der die heilkundigen Mönche und Nonnen die Kräuter für medizinische Zubereitungen, Tees und heilkräftige Liköre mischten. Nach den alten klösterlichen Rezepten werden noch heute viele Kräuterliköre wie „Chartreuse" und „Bénédictine" hergestellt.

Gegen jede Krankheit war ein Kraut gewachsen, aber auch für viele Gerichte: In der Klosterküche wurden in der Regel die Mahlzeiten mit Kräutern gewürzt. Dank der Benediktinermönche, die im frühen Mittelalter mit neuen Kenntnissen und Pflanzen aus ihren südlichen Klöstern zu uns kamen, erlebte die Gartenkultur einen wahren Aufschwung: Im Capitulare Karls des Großen etwa wurden die Pächter der Landgüter angehalten, 23 verschiedene Kräuter anzupflanzen, darunter Kerbel, Dill, Bohnenkraut, Fenchel, Estragon, Weinraute, verschiedene Minzearten und Rosmarin. Der älteste Plan eines Heilkräutergartens stammt aus dem 9. Jahrhundert. Es sind nur wenige historische Kräutergärten erhalten geblieben. Aber viele wurden restauriert oder nach alten Plänen neu angelegt: Die Kräuter und ihre heilsamen Kräfte sind aktuell wie eh und je.

Besonderes Interesse bringen wir heute auch der Würzkraft der Kräuter entgegen. Viele berühmte Gourmetköche legten sich eigene Kräutergärten an, um unabhängiger von den Händlern zu sein. Die Vielfalt des Angebots auf Märkten, in Asienläden und sogar im Supermarkt macht die selbstgezogenen Kräuter nicht unbedingt überflüssig: Das reichhaltige Angebot gibt es häufig nur in den Großstädten. Außerdem können im eigenen Garten speziell die Kräuter herangezogen werden, die man in der Familie häufig braucht. Und Experimentierfreudige können inzwischen Kräuter aus aller Welt im speziellen Kräuterhandel erhalten, vom Aztekischen Süßkraut bis zum Zitronengras!

Im Schutz der wärmespeichernden Hauswand wachsen besonders die mediterranen Kräuter gut. Der blühende Salbei zieht Bienen und Hummeln an. Im Hintergrund links ist ein dekorativer, zartgefiederter Bronzefenchel zu erkennen.

Kräuter in der Küche

Schon Paracelsus (1493–1541) sagte: „Eure Nahrungsmittel sollen Heilmittel sein und Eure Heilmittel Nahrungsmittel!“ Eine Überzeugung, die vor ihm auch schon der griechische Arzt Hippokrates im 4. Jahrhundert vor Christus vertrat.

Eine abwechslungsreiche Kost mit allen „Bausteinen“, die der Körper für sein Betriebssystem braucht, ist eine ideale Gesundheitsvorsorge. Dazu gehört auch der wohlüberlegte Umgang mit Kräutern in der Küche. Mit diesen Geschenken der Natur würzen bedeutet, die enzymhaltigen Verdauungssäfte anzuregen, den Körper zu entwässern und zu entgiften. Kräuter wirken appetitanregend, antibakteriell, krampflösend und blähungstreibend, sie machen fette Speisen leichter verdaulich und sparen in der Diätküche Salz ein. Sie sind reich an Vitaminen und Mineralien, Spurenelementen und sekundären Pflanzenstoffen. Zu den letzteren gehören unter anderem Chlorophyll, Flavonoide, Phytoöstrogene, Saponine, Sulfide und Terpene. Sie hemmen die Krebsentwicklung, neutralisieren freie Radikale und stimulieren die Immunabwehr.

Zur Abwehr von schädlichen Substanzen ist die Kraft der Kräuter gefragter denn je. Denn nie war unsere Umwelt so belastet, das Krebsrisiko größer. Wo es passt, sollten Kräuter das Essen würzen. Möglichst oft an Saucen, Suppen, in den Salat gegeben, machen sie das Essen zur schmackhaften Gesundheitskost, auf die Sie sich jeden Tag freuen.

Damit die wertvollen Inhaltsstoffe erhalten bleiben, bitte die Kräuter erst kurz vor der Mahlzeit pflücken und hacken. Sie intensivieren das Aroma der Speisen, wenn sie ganz frisch über das Essen gestreut oder nur kurz in Butter oder Öl angedünstet werden. Für Kräutersuppen und -saucen hat dies den Vorteil, dass sie schön grün werden.
Kräuter sollten wegen des Aromaverlusts nicht zu fein gehackt werden. Ganze Blättchen zum Beispiel von Kerbel, glatter Petersilie und Koriander dienen als Garnitur. So sieht jeder, welche Kräuter das Essen würzen, außerdem ist der Geschmack des ganzen Blatts intensiver.

Ein schnell zu ziehendes und damit immer auch schnell verfügbares Kraut ist die beliebte Kresse.

Kräuter zum Mitkochen:
Bohnenkraut, Estragon, Fenchelkraut, Liebstöckel, Majoran, Oregano, Rosmarin, Salbei, Thymian

Frisch nutzen oder nur kurz erhitzen:
Basilikum, Dill, Kerbel, Kresse, Minze, Petersilie, Pimpinelle, Schnittlauch, Zitronenmelisse

Würzige Kräuterblüten:
Auch die Blüten der Kräuter können zum Würzen verwendet werden. Sie aromatisieren Speisen in der Regel etwas feiner als die Blätter. Die zartlila Blüten des Thymians geben Pasteten und Schmalzbroten Pfiff.
Ein kräftiger Römer- oder Radicchiosalat wird würziger durch Thymian-, Salbei- und Rosmarinblüten. Bohnenkrautblüten machen kräftige Eintöpfe noch schmackhafter.

Und Lavendelblüten sind nicht nur Duftspender im Wäscheschrank, sondern würzen Fischsuppen, Lammkoteletts sowie Geflügel und sind unverzichtbar für die Kräutermischung „Herbes de Provence“.

Gut gewürzt ist halb verdaut

Schon in der Steinzeit ernährten sich die Jäger und Sammler von den nahrhaften Samen der Gräser und Kräuter, darunter Kümmel und Angelika.

Heute werden eher die frischen oder getrockneten Blätter der Kräuter als Würze gebraucht. Einige werden aber hauptsächlich wegen ihrer Samen angebaut wie Koriander, Anis, Kümmel und Fenchel. Weniger bekannt ist, dass auch die Samen von Rauke, Liebstöckel, Angelika, Süßdolde und Dill als gesundes Gewürz verwendbar sind.

In der Antike würzten schon die Griechen und Römer mit Samen von Liebstöckel, Dill, Koriander, Lorbeer und Fenchel ihre Fleischeintöpfe; oft wurden die Samen zur besseren Geschmacksentfaltung geröstet.

Im fernen Osten kaut man noch heute Anis- und Fenchelsamen nach dem Essen, um den Atem zu reinigen und die Verdauung anzuregen. In Indien sind Anis, Koriander- und Senfsamen wichtige Bestandteile des Gewürzes für Currygerichte, das immer frisch zubereitet wird.

Bei uns wurden früher Koriander, Fenchel, Kümmel und Anis – bekannt als klassische Brotgewürze – dem vorbereiteten Teig beigemischt. Sie machen das frische Brot besser verdaulich und sind außerdem sehr aromatisch. Das ist wieder in Mode gekommen. Experimentieren Sie doch mal mit Ihrer ganz persönlichen Kräutersamenmischung für Brot und Brötchen. Dazu können Sie auch die Samen von Senf, Rauke (deren Samen auch senfähnlich sind), „Jungfer im Grünen" *Nigella damascena*, Brennnessel, Sellerie und der wildwachsenden Knoblauchsrauke *Alliaria petiolata* verwenden. Nussig schmeckende Samen passen zum Beispiel gut als gesunde Zugabe ins morgendliche Müsli, die pikanten, wie Sellerie und Liebstöckel, eher in Ragouts und Eintöpfe. Speisen mit Kräutersamen zu verfeinern lohnt sich nicht nur wegen des Geschmacks. Sie sind aufgrund der ungesättigten Fettsäuren, des Gehalts an Vitamin E und, je nach Art der Vitamine und Mineralstoffe, in unterschiedlichen Zusammensetzungen sehr wertvoll. Ein besonderes Rezept aus Frankreich ist „Grillade au fenouil", gegrillter Fisch, der auf einem Fenchelbett aus getrockneten Stängeln und Fruchtdolden mit Pernod flambiert wird, so dass sich das würzige Aroma auf den Fisch überträgt.

Die noch grünen Samen des Fenchels sind etwas milder im Geschmack und passen gut zu Käse. Probieren Sie Liebstöckelsamen mal auf Butterbrot mit Frischkäse. Korianderkörner sind delikat zu Geflügel und Putenfleisch; sie passen auch gut zu Möhren. Die Gewürze im Mörser zerreiben oder mit einem Topf auf einem Holzbrett zerdrücken – das verstärkt das Aroma. Ob man sie frisch oder getrocknet verwendet, ist abhängig vom Rezept oder dem eigenen Geschmack. Getrocknet werden die Samen am besten im Backofen. Man kann sie danach in Gläsern aufbewahren. Bevor sie in die Gläser gefüllt werden, sollten sie jedoch völlig trocken sein. Ob sie für Brot, Gebäck, einen wohltuenden Tee oder auch für einen verdauungsanregenden Kräuterlikör verwendet werden, entscheiden Sie dann im Winter. Und vielleicht schützt ja sogar – wie der römische Schriftsteller Plinius im 1. Jahrhundert nach Christus behauptete – ein Säckchen mit Dill- oder Anissamen unter dem Kopfkissen vor bösen Träumen.

Der Kräutertest

Für den „Anfänger" wirkt die Vielfalt der Kräuter sehr verwirrend. Manche Gärtner und Gärtnerinnen, die einen Kräutergarten angelegt haben, stehen später davor und wissen nicht so recht, was sie mit den Kräutern anfangen sollen. In diesem Fall versuchen Sie es doch einmal mit dem „Tomaten-Kräutertest":
Die Tomaten in Scheiben schneiden und diese wie eine Torte aufteilen, dann auf einem großen Teller flächig arrangieren. Nun die „Tortenstücke" mit gehackten Kräutern bestreuen. Die Kräuter nicht mischen, jedes „Tortenstück" soll mit einem anderen Kraut bestreut werden! Einige Blättchen ganz lassen und – wenn möglich – noch eine blühende Triebspitze dazulegen. Eventuell kleine Holzstäbe mit angeklebtem Namensschild in das entsprechende „Tortenstück"

spießen oder, damit sie Halt finden, in geviertelte Tomaten stecken. Halbierte Cocktailtomaten in Rot und in Gelb beleben das Arrangement.
Gut zu Tomaten passen zum Beispiel Estragon, Thymian und Oregano. Es muss nicht immer Basilikum sein! Wenn es aber doch Basilikum sein soll, dann kann man einen Basilikum-Test mit den verschiedenen Aromaspielarten wie Zimt-, Anis- und Zitronenbasilikum versuchen. Dazu serviert man dann verschiedene Käsesorten, Öl und Essig, Pfeffer und Salz, Baguette und Wein, und ein schnelles originelles Abendessen – auch für Gäste – ist angerichtet.
Gekochte Eier sind ebenso eine gute Basis für kleine private Kräutertests. Besonders gut passen Pimpinelle, Schnittlauch, Winterhecke, Sauerampfer, Zitronenmelisse und Kresse zu Eiern. Auch Gurkenscheiben eignen sich als Probierunterlage. Kombinieren Sie Gurken mit Minze oder Estragon – einfach köstlich! So findet jeder heraus, welche Kräuter ihm persönlich in welchen Kombinationen am besten schmecken. Der Kräutertest macht am meisten Spaß, wenn mehrere Personen daran teilnehmen. Auch Kinder sind mit Freude dabei, besonders wenn sie nach ihrer Meinung gefragt werden. Jeder Teilnehmer kann seine „Testergebnisse“ auch notieren, als Grundlage für spätere Würzexperimente.

Süße Kräuter

Die Aromastoffe der Kräuter werden seit alters in Wein, Essig, Öl und Tee extrahiert. Die sommerliche Kräuterküche kann so auch im Winter fortgesetzt werden.
Eine wenig bekannte Methode jedoch ist es, sie in heißer Milch oder Sahne ziehen zu lassen. Besonders die „süßen Kräuter" sind eine aromatische Würze für Cremespeisen, Eis und andere Desserts. Auch in Alkohol lösen sich die Wirkstoffe. Heiße Weinsaucen, an die Kräuter ihre Geschmacksstoffe abgegeben haben, sind köstlich zu Parfait und Sorbet. Kräuter bieten eine phantastische Palette an Duftnuancen von Minze bis Zitrone, Anis und Zimt.
Kräuter für süße Speisen sind zum Beispiel Zitronenmelisse, Rosmarin, Basilikum und Minze. Es eignen sich auch Engelwurz, Gewürztagetes, Duftpelargonie, Orangen- und Zitronenthymian. Die Süßdolde besitzt sogar eine natürliche Süße, die helfen kann, Zucker einzusparen. Noch süßer ist das aztekische Süßkraut *Lippia dulcis* – es ist um ein Vielfaches süßer als Haushaltszucker! Das interessante Kraut ist bei uns leider nicht winterhart und wird daher besser im Topf auf der Fensterbank gezogen.
Köstliche Marmelade, Obstsalat, Cremespeisen, Fruchtkompott, Tee, Plätzchen und Kuchen, Eis und Sorbet können mit „süßen Kräutern" nur gewinnen. Besonders einfach ist es, Zucker mit Kräutern wie Lavendel und Rosmarin oder Duftpelargonienblättern zu aromatisieren (für Desserts, Saucen und Ge-

bäck). Die trockenen Kräuter werden mit dem Zucker in ein verschließbares Glasgefäß geschichtet. Kandierte Blüten und Blätter sind noch eine weitere leckere Zutat für die süße Kräuterküche. Die vielfältige Verwendung der Kräuter für Speisen aller Art finden Sie im Rezeptverzeichnis ab Seite 190.

Eine gewisse Vorsicht im Umgang

Kräuter mit ihrer Aromafülle und den unterschiedlichsten Würzeigenschaften sind aus der modernen Küche nicht mehr wegzudenken. Aber sie sind auch wirksame Heilpflanzen, die heute wie früher als Medizin verwendet werden.

Eine gewisse Vorsicht ist im Umgang mit Kräutern immer sinnvoll. Verwechslungen sollten Sie durch genaues Kennenlernen und Bestimmen der Pflanzen ausschließen.

Da die Dosis bekanntlich das Gift ausmacht, Kräuter immer nur in küchenüblichen Mengen verwenden. Außerdem ist es sinnvoll, Kräuterwürzen und Tees abzuwechseln.

In der Schwangerschaft sollte man auf bestimmte Kräuter ganz verzichten. Bitte beachten Sie daher den Text in den Portraits.

Wenn Sie Kräuter als Heilmittel verwenden wollen, dann sollte die Behandlung mit dem Arzt oder Heilpraktiker abgesprochen werden.

Ein erfrischendes Sommergetränk: Eisgekühlter Tee aus Zitronenverbene mit einem Schuss Holundersirup, garniert mit Erdbeeren

Folgende Doppelseite:
Die verschiedenen Basilikumsorten und der Salbei sind wunderbare Ergänzungen zu Tomatengerichten, sie lassen sich hervorragend für Öle und Essige verwenden und können auch gut in Töpfe gepflanzt werden.

Wegen der oftmals kleinen Blättchen benötigen Kräuterpflanzungen im Garten strukturgebende Elemente, um zur Geltung zu kommen. Die vier symmetrisch angeordneten, kugeligen Ligusterbäumchen sind in diesem schönen Kräutergarten der zentrale Blickfang.

Moderne Kräutergärten

Angelehnt an historische Vorbilder sind besonders in England, aber auch in Deutschland, Holland und Belgien privat neue Kräutergärten angelegt worden, die zum Teil auch besichtigt werden können, wie die Anlagen in speziellen Kräutergärtnereien und Freilichtmuseen. Die Gestaltungsmöglichkeiten sind sehr vielfältig. Die Varianten reichen dabei vom Terrassen-Kräutergarten über einen Tafelobstgarten mit Kräutern bis zum Gemüsegarten mit dreieckigen Kräuterbeeten und einem Minzenweg mit weißblühenden Stauden – der Phantasie sind keine Grenzen gesetzt! Ideal ist es, wenn der Kräutergarten an die Terrasse grenzt oder direkt vor der Küchentür liegt, so kann man auch bei Regenwetter trockenen Fußes die Kräuter ernten.

Kräutergärten können direkt in den Terrassenbereich integriert werden, mit einem Essplatz ganz in der Nähe. Um einen gepflasterten, zentralen Mittelpunkt, der durch eine Skulptur betont wird, können Beete segmentartig wie Kuchenstücke angeordnet werden. Eine sonnige Terrasse ist ein hervorragender Platz für die mediterranen Kräuter. In ausgesparten Lücken in der Terrassierung oder in nicht zu schmalen Fugen können Thymian, Lavendel und Salbei einen idealen Platz finden. In Verbindung mit Natursteinen wachsen Kräuter besonders gut. Daher kann auch eine Natursteinmauer als Abschluss einer Terrasse ein geeigneter Platz für sonnenliebende Kräuter sein. Rosmarin,

Lavendel, Thymian und Bergbohnenkraut wachsen hier leicht überhängend in mit sandiger Erde ausgefüllten Lücken und breiten sich mit der Zeit malerisch aus. Auch an ihrem Fuß fühlen sich die Kräuter, die von den kalkhaltigen, trockenen Felsen der Mittelmeerländer stammen, wohl. Ein Platz auf der Mauer kann zudem als Duftsitz ausgespart werden: Mit etwas Erde aufgefüllt, wachsen hier die nach Zitrone duftende Kriechkamille *Chamaemelum nobile* und der niedrig bleibende Thymian *Thymus serpyllum*. Duftsitze waren im Mittelalter im Bereich der Burgmauern beliebt.

Kräuter im Garten

Nicht jeder hat Platz für einen regelrechten Kräutergarten. Deshalb muss man nicht unbedingt auf Kräuter verzichten, denn sie können gut mit Blumen, Stauden und Rosen kombiniert werden. Diese Methode hat den Vorteil, dass man die Kräuter ihren Standortwünschen gemäß platzieren kann. Neben den sonnenliebenden, mediterranen Kräutern, die einen trockenen, mageren Boden lieben, gibt es schließlich noch andere, die gerne in humosen, leicht feuchten Böden stehen und Halbschatten bevorzugen. Dazu gehören Angelika und Süßdolde, die gut in einer halbschattigen Strauchrabatte zusammen mit immergrünen oder laubabwerfenden Ziersträuchern wachsen und sich dort auch ungestört aussamen können. Als Bodendecker fühlt sich der Waldmeister dort wohl und unterdrückt zudem unerwünsch-

tes Wildkraut durch Verdrängung, so dass diese Bereiche dann kaum Pflege brauchen. Auch die ausläufertreibenden, eroberungswütigen Minzen, die in Staudenbeeten leicht lästig werden können, finden hier einen Platz, an dem sie nicht stören. Mit Hostaarten, Farnen und Astilben kombiniert, sieht diese Pflanzung ganz ohne großen Aufwand gut aus.

Viele der gebräuchlichsten Küchenkräuter wie Kerbel, Kresse, Kümmel, Petersilie und Schnittlauch stehen gut im Gemüsegarten, obwohl es auch unter ihnen einige gibt, die durchaus dekorative Vorzüge haben: Der rosablühende Schnittlauch etwa kann ein Plätzchen vor einer niedrigen Strauchrose finden und dort seine schönen Blütenbälle zeigen, die auch mal als zwiebelige Würze in der Küche eine Rolle spielen dürfen. Die Petersilie sieht als Unterpflanzung von Stau-

Hinter hohen Hecken versteckt liegt der klar gegliederte Kräutergarten nach historischem Vorbild. Er strahlt klösterliche Ruhe aus. In den Beeten ist Platz für viele Heil- und Küchenkräuter. Die Beeteinfassungen bestehen hier nicht wie üblich aus Buchsbaum, sondern aus verschiedenen Kräutern, die heckenartig beschnitten werden. Neben der Bank wachsen pyramidenförmig geschnittene Lorbeersträucher im Topf, davor steht zitronenduftender Diptam.

den plötzlich wie eine attraktive Blattzierpflanze aus, und auch vom allseits beliebten Basilikum gibt es interessante rotblättrige Sorten und andere mit großen, gekrausten Blättern, die an einem sonnigen Platz gut im Blumengarten wachsen können. In der Küche sollten Kräuter sparsam, aber regelmäßig verwendet werden. Da viele Kräuter gleichzeitig Heilkräuter sind, ist eine gewisse Vorsicht geboten. Der Satz des mittelalterlichen Arztes Paracelsus: „Die Dosis macht, ob es ein Gift sey“, gilt auch noch heute für manche Kräuter. Genaue Angaben dazu finden sich in den einzelnen Kräuterporträts. Auch in den Klostergärten standen schon Alant, Lilien, Malven und Rosen – einerseits ihrer Schönheit wegen, andererseits wurden aber auch sie früher medizinisch genutzt.

Einige Kräuter haben schon längst als Zierpflanzen Eingang in die Blumenrabatten gefunden, dabei sind ihre heilenden Eigenschaften aber in Vergessenheit geraten. Dazu gehören Monarde, Ringelblume, Kapuzinerkresse, Weinraute und das als „Schwarznessel“ getarnte japanische Gewürz *Shiso Perilla frutescens* ‘Nankinensis’. So genau sind die Grenzen zwischen Zier- und Heilpflanzen gar nicht zu ziehen – manchem Heilkraut steht noch eine Entdeckung als Zierpflanze bevor, und manche Zierpflanze wird sich wohl noch als nützlich entpuppen.

Auch im Garten können schön bepflanzte Töpfe Blickpunkt sein. Im Kübel auf einem erhöhten Podest ist der rankende Zierkürbis zuerst ornamentale Blattpflanze und später fruchttragender Akzent. Umrahmt wird das Beet von Ringelblumen.

Nicht nur Kräuter im Topfgarten für Terrassen und Balkons

Pflanzen in Töpfen und Kübeln zu kultivieren hat eine lange Tradition: Die berühmten hängenden Gärten der Semiramis waren vermutlich die ersten Dach- und Terrassengärten, die Vorläufer der Gefäßkultur. Griechen und Römer zogen Gehölze, Buchsbaum und duftende Kräuter in Kübeln, und auch im alten China war die Gefäßkultur schon üblich. Im frühen Mittelalter brachten dann die Mauren orientalische Prachtentfaltung nach Spanien. So waren bei der Alhambra in Granada die Innenhöfe der kunstvollen Anlage ursprünglich mit schönen Kübelpflanzen geschmückt.

Europäische Fürstenhöfe übernahmen die verfeinerte Gartenkunst, und der Adel in Deutschland entlieh Ideen aus Italien, Spa-

Folgende Doppelseite:
Apollo inmitten von duftenden Topfpflanzen. Auf dem Steintisch vereinen sich vielerlei Düfte: Die zitrusduftende Gewürztagetes *Tagetes tenuifolia*, Weihrauchpflanze und rot-blättriges Basilikum werden gerahmt von Duftpelargonien mit Zitronen- und Pfefferminzaroma und beschirmt von den schönen herzförmigen Blättern des Blattpfeffers.

nien und Frankreich, so auch die Gestaltung mit Kübelpflanzen wie Lorbeer, Zitrusfrüchten und Rosmarin. Später kamen Feigen, Granatapfel, Oleander und Myrte dazu. Eng verbunden mit der Geschichte der Topfpflanzen ist die der Orangerien. Die ersten Vorläufer der später so verbreiteten Bauwerke waren Überbauten aus Holz, mit denen im Winter die Kübelpflanzen in den Schlossgärten an Ort und Stelle geschützt wurden. Im 17. Jahrhundert schließlich setzte sich die Pflanzenkultur in Kübeln überall durch. Besonders beliebt waren dabei die Orangenbäume. Eigens für sie wurden die schönen Orangerien gebaut, architektonische Meisterwerke, die wir noch heute überall in den Schlossanlagen der damaligen Zeit bewundern können. Dieser üppige Pflanzen- und Blumenschmuck des Adels wurde bald auch in den Bürger- und Bauernhäusern vielfach nachgeahmt.

Gestalten mit Töpfen

Heute sind die Kübelpflanzen beliebt wie nie zuvor: In einer Zeit kleiner Grundstücke bieten sie die Möglichkeit, den Garten auf die Terrasse zu holen. Hier können auch all jene Pflanzen gehalten werden, die in unserem Klima im Garten ausgepflanzt nicht gut oder gar nicht gedeihen wie etwa Rosmarin, Lorbeer und Zitrusgewächse. Aber auch Kräuter aller Arten leben gut in Töpfen. In jedem Jahr werden neue Kübelpflanzen – Importe aus allen Ländern der Erde – auf den Markt gebracht. Gärtnereien sind im

Frühjahr wahre Paradiese exotischer Gewächse! Leider aber übersteht die eine oder andere Neuheit den Winter nicht. Dazu kommt, dass die Bedürfnisse der Pflanzen dem neuen Besitzer nicht immer bekannt sind. Da sie aber aus verschiedenen Klimazonen kommen und dementsprechend unterschiedliche Ansprüche an Bodenverhältnisse, Temperatur und Luftfeuchtigkeit stellen, hat man nur Freude an ihnen, wenn diese Bedingungen so genau wie möglich erfüllt werden. Eine nützliche Hilfe ist es da, sich für jede wertvolle Pflanze ein eigenes Karteikärtchen anzulegen und alle Informationen, die man erhalten kann, darauf einzutragen. Schließlich sieht nur eine gesunde Pflanze wirklich gut aus. Wenn sie aber richtig behandelt werden, machen die üppigen

Mit einer Basilikum-Auswahl ist stets das passende Kraut vorrätig, ob man nun ein zitroniges Aroma oder einen Hauch von Zimt wünscht. Im praktischen Tragekorb versammeln sich hier von rechts nach links: vorne Thailändisches Zitronenbasilikum, rotblättriges 'Opal' und Zimtbasilikum, hinten niedrig bleibendes Buschbasilikum, Italienisches Basilikum und 'Green Ruffles'. Ganz links Neapolitanisches Basilikum, das ein besonders kräftiges Aroma aufweist.

Kübelpflanzen aus Balkon und Terrasse ein wahres Pflanzenparadies zum Träumen und Entspannen!
Pflanzen in Töpfen finden überall Platz: auf dem Balkon und der Terrasse, auf Fensterbänken, Mauern und Treppen und auch im Garten. Nach Lust und Laune umgruppiert, können mit ihnen immer neue Bilder geschaffen werden, und jedes Frühjahr bietet aufregende Möglichkeiten. Zu den klassischen Kübelpflanzen gesellen sich dabei Stauden, Sommerblumen, Gemüse und schöne Blattpflanzen wie Hosta oder Efeu. Der Phantasie sind hier keine Grenzen gesetzt. Und wenn die Anordnung nicht gefällt, kann alles leicht umgesetzt und neu dekoriert werden.
Harmonische Farbzusammenstellungen sind leichter zu erzielen als im Garten. Zurückhaltend wirkt eine Ton in Ton gehaltene Gestaltung, in Ihrer eigenen Lieblingsfarbe vielleicht oder passend zur Einrichtung des Hauses. Ländlich bunt mutet eine Topfgesellschaft an, wenn die Farben unbekümmert gemischt werden wie im Bauerngarten. Ganz edel hingegen ist eine weiße Terrasse nach dem Vorbild des Weißen Gartens von Sissinghurst. Sie erfordert zwar die Kunst der Beschränkung auf weißblühende Pflanzen, von denen aber eine Vielzahl existiert. Besondere Lieblinge oder Raritäten sind auf einem Extratischchen gut aufgehoben. Hier werden sie mehr beachtet als im Garten. Außerdem kann so jeder Topf individuell betreut werden. Im Topfgarten können die Wünsche der Pflanze optimal erfüllt wer-

den: Sie wird je nach Bedarf gegossen und gedüngt, bekommt ihre persönliche Erdmischung und kann ihren Bedürfnissen gemäß sonnig oder schattig stehen.

Pflanzen für den essbaren Topfgarten

Die abwechslungsreiche Vielfalt von Kräutern, Blumen, Gemüse und Obst im Topfgarten ermöglicht eine variantenreiche Gestaltung. Erstaunlich viele Gemüsearten gedeihen gut im Topf. Der rotgestielte Mangold, gelbe Zucchini oder Tomaten in Gelb, Rot oder gestreift bilden den nahrhaften Hintergrund für allerlei gerüschte Salate. Und die passenden Kräuter kann man gleich dazu ziehen: Der Zierwert der altbekannten gekrausten Petersilie und des blühenden Schnittlauchs ist gerade erst entdeckt worden. Basilikum und Sauerampfer bringen mit roten Varietäten etwas Farbe in die Topflandschaft. Kapuzinerkresse steigert die Farbintensität des roten Mangolds, und Rotkohl wirkt mit gelben Hornveilchen umkränzt wie eine Zierpflanze. Lavendel, Thymian und Rosmarin schließlich bringen zusammen mit Duftpelargonien balsamische Düfte, die man am besten auf einem Sitzplatz direkt daneben genießt.
Auch das vitaminreiche Obst kann im Topfgarten wachsen. Das gilt nicht nur für die klassischen duftenden Zitrusfrüchte, für die Orangen- und Zitronenbäumchen; auch der Rhabarber, der eigentlich zum Gemüse gehört, hat attraktive, große Blätter. Für Heidelbeersträucher kann im Topf viel leichter

die passende saure Erdmischung mit Torf hergestellt werden als im Garten. Die säulenförmigen Ballerinaäpfel tragen gut und sind außerdem ein schöner Blickfang zur Blütezeit und wenn die Früchte reifen. Die neue rosablühende Erdbeerzüchtung 'Pink Panda' blüht unermüdlich, Früchte sind allerdings selten. Mit dem exotischen Blattpfeffer und dem üppigen, wunderbar duftenden Fruchtsalbei bekommt die Terrasse ein tropisches Flair. Und so entsteht aus Früchten und Gemüsen, aus Duftpflanzen und Kräutern in hübschen Gefäßen eine wahre Oase.

Ein schöner Arbeitsplatz zum Umtopfen

Das notwendige Umtopfen gleich nach dem Kauf der Pflanzen (die mitgelieferten Töpfe sind eigentlich immer zu klein) wird durch einen bequemen Arbeitsplatz erheblich erleichtert. Wenn es irgendwie möglich ist, sollten sich ambitionierte Topfgärtner daher eine entsprechende Ecke einrichten! Wieviel bequemer ist es, wenn alle Utensilien gleich zur Hand sind und Töpfe und Arbeitsgeräte nicht erst aus dem Keller oder vom Dachboden geholt werden müssen. Töpfe in verschiedenen Größen warten hier auf neue Bepflanzungen, und auch das Werkzeug kann neben den unerlässlichen praktischen gleichzeitig nach ästhetischen Gesichtspunkten ausgewählt werden. In einem schönen Korb oder Tontopf wird es zusammen mit den Gartenhandschuhen verwahrt. Sinnvoll ist auch eine Wasserstelle ganz in der Nähe. Damit der Arbeitsplatz nach getaner

Sammlerstücke vom Flohmarkt, aromatische Kräuter in Töpfen und blühende Stiefmütterchen mit lieblichem Duft finden sich zu einem malerischen Stilleben zusammen.

Arbeit schön aussieht, können noch blühende Pflanzen dekoriert werden, auch eine Skulptur passt in das Ambiente. Vielleicht finden auf einem Regal zudem die Windlichter für den Garten Platz. So fällt es viel leichter, sich zur eher ungeliebten Arbeit des Umtopfens zu entschließen, die ja eine wichtige Grundvoraussetzung für gesundes Wachstum ist.

Trocknen und Konservieren der Kräuter

Geerntet werden Kräuter und Samen an einem schönen Tag, wenn der Tau gerade abgetrocknet ist, keinesfalls bei Regen. Der günstigste Zeitpunkt ist in der Regel kurz vor der Blüte, weil dann die Inhaltsstoffe in der höchsten Konzentration vorliegen. Orte zum

So schön können getrocknete Blüten und Kräuter in einer luftdicht verschlossenen Schachtel aufbewahrt werden.

Trocknen können Boden, Treppenhaus, Diele oder andere Nebenräume sein, die warm, dunkel und luftig sein sollten. Auf Dachböden wird es im Sommer meistens zu heiß, deshalb sind sie nur geeignet, wenn sie gut isoliert sind. Bei einer Temperatur über 30° C verflüchtigen sich die ätherischen Öle. Käufliche Trockenapparate sollten einen Temperaturregler besitzen.

Trocknen ist auch im Backofen bei niedrigster Stufe möglich (Kochlöffel in die Backofentür klemmen, damit die Feuchtigkeit entweichen kann). Die Mikrowelle trocknet Kräuter zwar besonders schnell, leider werden dabei aber die Inhaltsstoffe zum Teil zerstört. Die immer noch beste und einfachste Methode ist, die Kräuter zu bündeln und kopfüber aufzuhängen, so wie es früher üblich war. Die Kräuter vorher nicht waschen, sondern nur ausschütteln und gründlich auf Insekten hin untersuchen.

Trocken sind die Kräuter, wenn die Blätter rascheln und die Stängel leicht brechen.

Dann werden die Blätter abgestreift. Wenn sie erst vor dem Gebrauch zerkrümelt werden, bleiben die ätherischen Öle besser erhalten. Kräuter können in dunklen Gläsern aufbewahrt werden oder in Pergamenttüten (Butterbrottüten). Das Beschriften nicht vergessen, denn das Wiedererkennen im Trockenzustand ist nicht immer leicht.

Einige Kräuter lassen sich auch gut einfrieren wie Petersilie, Kerbel, Basilikum, Minze, Melisse und Schnittlauch, auch in Mischungen. Kräuter im Ganzen in einen Gefrierbeutel geben; wenn sie gefroren sind, im Gefrier-

Die weißen Hochstammrosen 'Schneewittchen' sind hier mit duftendem Lavendel unterpflanzt – eine beliebte klassische Kombination mit romantischem Flair!

beutel zerreiben. Man kann auch kleine Portionen hacken und mit wenig Wasser in Eiswürfelbehälter füllen. Sie sind sehr praktisch für Suppen und Saucen. Für Tees, die mit frischen Kräutern immer besser schmecken als mit getrockneten, können auch ganze Blätter eingefroren werden. Dafür eignen sich Minze und Melisse besonders gut. So haben die Tees auch im Winter ein wunderbares Sommeraroma.

Kräuter von A–Z
Porträts – Pflanzen für den Kräutergarten

Angelika
Angelica archangelica

Angelika

Angelica archangelica

Die imposante, herbaromatisch duftende Engelwurz gehört zu den wenigen Gewürzkräutern, die in Nordeuropa heimisch sind. Sie wächst wild in Deutschland, Irland, Grönland, Skandinavien und Sibirien und bevorzugt nährstoffreichen, feuchten Boden. Dieses kraftstrotzende Kraut mit den großen, dreiteilig eingeschnittenen Blättern und den auffallend bauchigen Blattscheiden wächst in nassen Flussbereichen und auf nährstoffreichen Wiesen. Angelika wird bis zu zweieinhalb Meter hoch und ist mit einer fleischigen Wurzel im Boden verankert. Die ganze Pflanze riecht würzig moschusartig und wird heute wie früher von der Wurzel bis zu den Samen genutzt. Im ersten Jahr wächst die zweijährige Pflanze nur 60 bis 90 Zentimeter hoch; erst im zweiten Jahr schießt der hohe, manchmal rot gefärbte Blütenstängel mit den großen dekorativen, gelblichgrünen Dolden in die Höhe. Der frische Pflanzensaft kann an sonnigen Tagen Hautreizungen hervorrufen, deshalb sollten Sie beim Ernten vorsichtig sein. Die Wurzel wird im Herbst des ersten Jahres geerntet, die jungen Stängel vor der Blüte. Die Pflanze sät sich selbst reichlich aus, so dass an Nachwuchs kein Mangel besteht. Die Engelwurz ist nicht nur im Kräutergarten eine imposante Erscheinung, die alle Blicke auf sich

zieht: Sie steht gern im lichten Schatten und kann daher auch in eine gemischte Staudenrabatte im Bauerngarten integriert werden. Zu den gelblichgrünen Doldenblüten passt besonders gut eine Unterpflanzung mit Frauenmantel. Form und Farbe der Engelwurzblüten wiederholen sich im kleineren Format beim Frauenmantel. Ein guter Platz für die kraftvolle Pflanze ist an einer Wasserstelle, am Teich oder an einem Bach. Dort fühlt sie sich wie am Naturstandort!
Kandierte junge Angelikastängel sind in Frankreich für Gebäck und Kuchen beliebt. Die leicht bitter schmeckenden Stängel erhalten in der Kombination mit Zucker ein likörartiges Aroma. Samen und Wurzel werden für Kräuterliköre wie „Chartreuse“ und „Bénédictine“, aber auch für Parfüms genutzt, Blätter für nerven- und magenstärkende Tees und als Gewürz für Rhabarberkompott oder Orangenmarmelade. Auch im berühmten Melissengeist des Karmeliterordens sind Auszüge aus der Engelwurz enthalten. Als Inhaltsstoffe wirken Bitter- und Gerbstoffe, Harze, organische Säuren und Cumarin. Die getrocknete Wurzel wird als Fixativ in Potpourris genutzt.

Bärlauch

Allium ursinum

Die große Alliumfamilie hat einen hervorragenden Knoblauchersatz für Empfindliche hervorgebracht: Wenn man nach dem Essen nicht nach Knoblauch riechen möchte, ist der schmackhafte junge Bärlauch ideal. Er ist in Mitteleuropa in feuchten Laub- und

Bärlauch
Allium ursinum

Mischwäldern auf zeitweise nassen und nährstoffreichen Böden verbreitet. Der Bärlauch wächst in kleinen Gruppen, aber auch in größeren Beständen. Man riecht ihn schon von weitem, ehe man ihn gesehen hat. Der durchdringende Knoblauchduft wird aber beim Dünsten zu einem milden Knoblaucharoma. Die wertvollen Inhaltsstoffe machen ihn für die gesunde Küche interessant, Lauchöl, Flavonoide, Biokatalysatoren, Fructosane und reichlich Vitamin C gehören zu seinen Vorzügen. Hauptbestandteil der Pflanze ist das Bärlauchöl, das auch das blutdruck- und cholesterinsenkende Adenosin aufweist, und zwar in rund zwanzigmal höherer Konzentration als beim Knoblauch. Diese erst vor einigen Jahren erkannte Tatsache wurde von der Fachpresse als Sensation angesehen und trug dem Bärlauch die Schlagzeile „Neuer Stern am Knoblauchhimmel" ein.

Die Bären wussten schon immer von den beachtlichen Inhaltsstoffen: Das Knoblauchkraut war ihre erste stärkende Nahrung, wenn sie aus dem Winterschlaf erwachten. Inzwischen gibt es Bärlauch auch als Granulat für Gesundheitsbewusste in der Apotheke. Umsonst sind seine Vorteile aus Wald oder Garten zu haben. Der Platz im Garten muss jedoch schattig und feucht sein, damit er gedeiht. Wenn es ihm dort gefällt, sät er sich sogar ein bisschen zu reichlich aus. Es ist günstig, wenn im Herbst Laub auf die Stelle gehäuft wird, an der der Bärlauch im Frühjahr seine schönen weißen Blütendolden treibt. Nach der Blüte zieht die Pflanze

ganz ein und sollte dann ungestört bleiben. Seine Zwiebeln sind wie die Blüten essbar. Um sie im Herbst zu ernten, muss man sich natürlich genau den Standort der Pflanzen merken. Aus jeder Zwiebel wachsen in der Regel nur zwei bis drei große, eliptische Blätter und ein blütentragender Stiel. Zur Blütezeit sollten nur noch die kleinen, nachgewachsenen Blätter verwendet werden, sie sind zarter als die ausgewachsenen.
Der wilde Knoblauch aus den Wäldern wurde schon im 16. Jahrhundert für eine Sauce zu Fisch genutzt. In der Nachkriegszeit sammelten ihn viele zusammen mit anderen Wildkräutern und bereiteten Gemüse daraus. Seit Längerem ist dieses erstaunliche Würzkraut wiederentdeckt und zu einem Modekraut geworden. Die Blätter sollten möglichst gleich nach dem Pflücken verwendet werden, denn sie welken schnell. Damit Sie das angenehme Knoblaucharoma auch noch im Winter zur Verfügung haben, können Sie es als Paste mit Öl konservieren. Die jungen Blätter sind vor der Blüte der Pflanze, aber auch roh geschnitten im Salat, als Würze fürs Butterbrot, zu Quark oder zur Kräuterbutter hervorragend. Die Blüten sind als essbare Garnitur schön und nützlich zugleich. Wenn der Bärlauch im Wald gesammelt wird, muss man darauf achten, dass er nicht mit den ähnlichen, aber giftigen Maiglöckchenblättern verwechselt wird! Eine Geruchsprobe genügt.

Basilikum
Ocimum basilicum

Basilikum

Ocimum basilicum

Basilikum stammt aus dem Iran und aus Indien und wird heute überall auf der Welt angebaut. In Persien, Malaysia und Ägypten pflanzte man es auf die Gräber, toten Pharaonen wurden Basilikumkränze mit ins Grab gelegt, in Thailand schmückt „Holy Basil“ noch heute die Tempelanlagen Buddhas. Die einjährige Pflanze wird bis zu 50 Zentimeter hoch. Sie hat variierende, eiförmige Blätter in Grün oder Rot, die glatt oder stark gekraust sein können, und die Blüte ist weißlich-rosa.

Basilikum braucht viel Licht, Sonne und Wärme. Das Mikroklima ist daher auf einer sonnigen Terrasse, auf der Fensterbank oder im Gewächshaus in der Regel besser für die Pflanze als im Garten. Im Topf wächst Basilikum gut in sandig-lehmiger Erde. Beim Aussäen dürfen die Samen nicht mit Erde bedeckt werden, da sie zu den Lichtkeimern gehören. Unter einer Folienabdeckung und bei einer Temperatur um 20 Grad keimt das Kraut rasch. Erst nach den Eisheiligen darf die frostempfindliche Pflanze dann nach draußen gestellt werden. Häufiges Ernten der Triebspitzen fördert die Verzweigung und hält sie dadurch kompakt und buschig. Man sollte aber nie einzelne Blätter pflücken, da die Pflanze dann sparrig wächst!

Damit das zügige Wachstum garantiert ist, muss sie gut gedüngt werden. In den südlichen Ländern ist Basilikum ein weitverbreitetes Küchenkraut. Das Heilkraut beeinflusst die Verdauungsorgane günstig und hilft ge-

gen Blähungen, gegen nervöse Unruhe und Schlaflosigkeit, gegen Schwindel und Migräne. Das ätherische Öl wird zudem in der Kosmetikindustrie verwendet. Besonders in der italienischen Küche spielt Basilikum eine bedeutende Rolle. Den größten Bekanntheitsgrad hat das köstliche Kraut als Pesto für Spaghettigerichte und in der Kombination mit Tomaten und Mozzarella. Basilikum passt zu Suppen und zu Eintöpfen, zu Pilzen und zu Geflügel und natürlich zu allen Tomatengerichten. Hervorragend würzt ein selbstangesetzter Basilikumessig mit Knoblauch. Überraschend gut eignet es sich aber auch zum Aromatisieren von Gelees und Marmeladen, und mit Zitronenbasilikum hat man sogar ein passendes Kraut für süße Gerichte, Eis, Obstsalat und andere Desserts.
Es gibt für jeden Geschmack ein besonderes Aroma: Anisbasilikum und *Ocimum sanctum*, das heilige Basilikum, werden in Thailand zum Würzen von Süßspeisen und anderen Gerichten genutzt. Das Genoveser Basilikum, sehr raschwüchsig und robust, ist das beliebte italienische Kraut mit großen, glänzenden Blättern. Das Neapolitanische Basilikum hingegen hat das beste Aroma, braucht aber mehr Wärme. Es hat lindgrüne Blätter, die fast handtellergroß werden, weshalb es auch Mammutblatt genannt wird. Als Zierpflanzen sind 'Purple Ruffles' und 'Green Ruffles' mit ihren großen, feingekrausten Blättern und das rote Basilikum 'Opal' in einer Kräutergesellschaft auf Balkon oder Terrasse schön anzusehen. Das rote Basilikum

macht sich außerdem gut zu gelben Ringelblumen, die auch im Topf wachsen können, und zu den warmen Farben der Gewürztagetes.

Bohnenkraut
Satureja
hier: Bergbohnenkraut *Satureja montana*

Bohnenkraut

Satureja

Das einjährige Sommer-Bohnenkraut *Satureja hortensis* gehört hierzulande zu allen Bohnengerichten. Bohnenkraut sogar im Winter bietet das ausdauernde Bergbohnenkraut *Satureja montana*, auch Winterbohnenkraut genannt. Es schmeckt etwas kräftiger als das einjährige. An einem geschützten Platz übersteht der kleine, bis zu 50 Zentimeter hoch wachsende, verholzende Strauch auch kältere Zeiten. Das würzig-pfeffrige Bohnenkraut mit Aroma-Anklängen an Thymian und Oregano blüht weißlich-rosa bis rosa-lila im Juni/Juli. Beide Arten stammen aus dem Mittelmeerraum. Es regt die Verdauung an und macht deftige Gerichte bekömmlicher. Eine geschmackliche Variante bietet das Bergbohnenkraut mit Zitronenduft *Satureja montana* ssp. *citriodora*. Bohnenkraut ist eine Salz sparende Würze mit gleichzeitig pfeffrigem Aroma. Es passt zu Hülsenfrüchten, besonders zu Bohnen, und schmeckt gut zu Bratkartoffeln, Fisch, Fleisch und auch zu Wild, zu allen Gerichten, zu denen auch Thymian passt. Bohnenkraut schmeckt gut zu Kartoffeln, Tomaten, Schmorgurken und Gemüsesuppen. Es wird mitgekocht, kann aber auch als frisches Kraut Salaten, Tomaten und Käse würzen. Die blühenden Triebspitzen sind für Gerichte aller Art eine schöne Dekoration, die mitgegessen werden kann. Als Kräuter des Südens benötigen beide Bohnenkrautarten einen sonnigen Platz und durchlässigen, kalkhaltigen Boden. Das einjährige wird im Mai häufig zusammen mit Bohnen ausgesät. Diese Kombination schützt das Gemüse vor der Bohnenlaus. Den Samen nur wenig mit Erde bedecken (Lichtkeimer). Winterbohnenkraut lässt sich leicht durch Aussaat, Absenker und Stecklinge vermehren.

Borretsch

Borago officinalis

Das einjährige Kraut mit den blauen Sternblüten ist von Kleinasien bis Syrien und Nordafrika verbreitet, seit langem aber auch in vielen Teilen Südeuropas verwildert. Die kräftige Pflanze mit den großen ovalen, rauhaarten Blättern wird 50 bis 80 Zentimeter hoch. Die hellblauen, manchmal rosafarbenen und selten weißen Blüten haben aparte schwarze Staubgefäße, die sehr kontrastreich wirken. Blühender Borretsch ist nicht nur im Kräutergarten eine dekorative, die Bienen anziehende Pflanze. Auch in einer blauen Blumenrabatte etwa ist er als Dauerblüher bis zum Frost ein Gewinn. Er sät sich reichlich aus, wenn man ihn einmal im Garten hat, lässt sich aber wegen seiner Pfahlwurzel schlecht verpflanzen. Wenn Sie sich hauptsächlich für die Blätter interessieren, sollten Folgesaaten im Abstand von 14 Tagen eingeplant werden. Das ältere Blatt wird derb und haarig, deshalb sollte man zum Würzen nur die ganz jungen Blätter

Borretsch
Borago officinalis

dieses Raugewächses nehmen und sie immer ganz fein schneiden!
Eine ausdauernde Form ist *Borago laxiflora* aus Sardinien und Korsika. Die Blätter sind rauer, werden aber genauso verwendet wie beim einjährigen Borretsch. Der niedrige, etwas herabhängende Wuchs eignet sich gut für Töpfe und Kästen, und das Kraut ist bis minus zehn Grad frostfest.
Schon früh wurde Borretsch in Kloster- und Bauerngärten angepflanzt. Er gilt als alte Heilpflanze, die das Herz stärkt und gegen Melancholie wirkt. Das mineralstoffreiche Kraut ist mit seinem hohen Saponingehalt ein wirksames Mittel gegen Erkältungen und hat entwässernde und entzündungshemmende Eigenschaften. Der erfrischende Geschmack nach Gurken (daher auch Gurkenkraut genannt) kommt besonders gut in Getränken zur Geltung. Schon die alten Griechen gaben Borretschblätter als kühlende Zutat zu Getränken. In jüngster Zeit entdeckte man in der Pflanze jedoch Pyrrolozidin-Alkaloide, denen leberschädigende und krebserregende Wirkung nachgesagt werden. Sicherheitshalber sollten Blätter und Blüten nicht in größeren Mengen und über einen längeren Zeitraum verwendet werden. Ein paar Blätter als Würze und ein paar Blüten als essbare Dekoration sind aber sicherlich unbedenklich!
Blüten und Blätter aromatisieren hausgemachte Zitronenlimonade, kalte Kräutertees und den in England beliebten Aperitif „Pimm's No. 1" (Rezept siehe Seite 166). Die Blüten garnieren Salate und Suppen und ver-

zieren kandiert Süßspeisen und Kuchen. Die Blätter werden feingehackt mit Haselnussscheibchen aufs Butterbrot gelegt und als würzende Zugabe unter Spinat und Mangold gemischt. In Italien, wo Borretsch in größeren Beständen wild wächst, wird er auch als Füllung in Ravioli gegeben.

Brennnessel

Urtica dioica

Die Zeiten, als aus der einheimischen Brennnessel Bettwäsche, Handtücher und Hemden gewebt wurden, sind vorbei; aber noch 1918 wurden Nesselstoffe für die Unterbekleidung des Heers hergestellt. Die gegen Schädlinge widerstandsfähige, aber ungeliebte Pflanze könnte vielleicht einmal wieder interessant werden, denn sie gedeiht ohne Hilfe von Chemie. Daher sind Nesselstoffe schadstofffrei. Sie ist fast überall auf der Erde verbreitet, wächst gerne in der Nähe menschlicher Siedlungen und liebt nährstoffreichen, feuchten, kalkhaltigen Boden. Mit ihren kantigen, bis zu anderthalb Meter hohen Stängeln und den dunkelgrünen, stark gezähnten Blättern ist sie allerdings nicht gerade attraktiv. Reizvolle Gartengestaltungsideen kann man sich für die unscheinbare Brennnessel nicht ausdenken. Aber ein Plätzchen am Kompost oder an der Hecke sollte für sie reserviert bleiben. Wenn Sie sie regelmäßig ernten, kann sich das gesunde Kraut ja auch gar nicht so ausbreiten. Und indirekt trägt sie durchaus ihren Teil zur Verschönerung des Gartens bei: Die Raupen unserer schönsten Tagfalter wie Kleiner

Brennnessel
Urtica dioica

Fuchs, Distelfalter, Admiral oder Pfauenauge brauchen sie als Nahrungspflanze.
Jeder hat sich schon einmal „in die Nesseln gesetzt“ – eine unangenehme Erfahrung, denn die kleinen Brennhaare auf Stängeln und Blättern brechen bei Berührung ab, und der brennende Inhalt wird wie mit einer Injektionsspritze in die Haut gespritzt. Durch diese Schutzeinrichtung lebt die Brennnessel vortrefflich, denn sie würde viel stärker ausgerottet, wenn man nicht zur Beseitigung Handschuhe benötigen würde. Aber mit einem fest zupackenden Griff können die Brennhaare außer Gefecht gesetzt werden. Sie brechen dann nicht, sondern legen sich nur um.
Die wenig geschätzte Pflanze steckt voller Inhaltsstoffe, und „von Kopf bis Fuß“ kann alles von ihr genutzt werden. Aus den Wurzeln wird ein Absud gegen Haarausfall gewonnen, aus den frischen Blättern ein Spinat oder eine herrlich samtige Brennnesselsuppe gekocht, Gerichte, die garantiert nicht mehr brennen. Die getrockneten Samen gelten als geriatrisches Mittel und wirken angeblich potenzsteigernd.
Unverzichtbar ist das Wildkraut heutzutage für ökologisch arbeitende Gärtner. Die Brennnesseljauche mit ihrem Reichtum an Kali, Kieselsäure und Stickstoff ist ein kostenloser, wertvoller Dünger. Sie stärkt die Pflanzen und macht sie widerstandsfähiger gegen Schädlinge. Als Mulch für den Kompost und als brennende Brühe gegen Schädlinge ist sie gleichermaßen wertvoll.
Die kleine, aggressiver brennende Schwester

der *Urtica dioica* heißt *Urtica urens* und wird gleichfalls genutzt. Brennnesseln sind besonders reich an Eisen, Kieselsäure, Kalzium und den Vitaminen A, B und C. Wegen ihres recht hohen Nitratgehalts sollte sie nicht zu häufig verwendet werden. Andererseits verhindert der hohe Vitamin-C-Gehalt die Bildung von schädlichen Nitrosaminen. Der Zeitraum, in dem man die Pflanze nutzen kann, ist ohnehin auf die Monate April und Mai begrenzt, danach schmeckt sie zu herb. Auch bei rheumatischen Beschwerden, gegen Gicht und zur Stoffwechselanregung wird der harntreibende Tee aus dem frischen oder getrockneten Kraut empfohlen. Er ist blutbildend, senkt den Blutzuckerspiegel bei Diabetikern und hilft bei Prostataleiden. In Hungerzeiten wurde die mineralstoff- und proteinreiche Pflanze als Spinat gekocht. Mit Butter und Crème fraîche ist es heute einfacher, ein schmackhaftes Gericht aus Brennnesseln zu bereiten, als mit der Mehl-Einbrenne früherer Zeiten. Brennnesselgemüse schmeckt erstaunlich mild, milder sogar als Spinat. Mit einer Mischung aus gehacktem Ei, Quark und Brennnesseln wurden früher die Küken aufgezogen. Sie schmeckt auch Menschen und ist sehr gesund. Im Frühling bringt das „Kükenfutter" Vitalstoffe gegen die Frühjahrsmüdigkeit. Wenn dazu dann noch eine Brennnesselsuppe gereicht wird, ist das fast schon eine Frühjahrskur ...

Dill
Anethum graveolens

Dill

Anethum graveolens

Das bis zu einem Meter hohe einjährige Würzkraut mit den fein gefiederten zierlichen Blättern und den großen duftigen gelben Doldenblüten im Juni und August stammt aus dem Orient. Es ist eine uralte Heilpflanze, die schon vor 5000 Jahren in ägyptischen Papyrusrollen beschrieben wurde. Das mineralstoffreiche Kraut und besonders die reifen, braunen Samen helfen bei Verdauungsstörungen, Blähungen und Appetitlosigkeit. Das ätherische Öl enthält Carvon, wie Kümmel, der auch blähungslindernde Eigenschaften hat. Der würzige Geschmack der Dillspitzen hat eine leicht süßliche Komponente. Gurken-, Kartoffel- und andere Salaten schmecken gut mit einer Dillsahnesauce. Besonders gut passt das Kraut zu Fisch und Meeresfrüchten. Dill sollte nur frisch verwendet werden, einfrieren ist jedoch möglich. Blüten oder Samen würzen Kräuteressige und eingelegte Gurken, daher der früher gebräuchliche Name Gurkenkraut. Die Samen schmecken fast wie Kümmel, sie werden in der indischen Küche gemahlen und als Gewürz verwendet. Das frische Kraut neutralisiert Knoblauchgeruch im Atem. Dill braucht einen warmen, sonnigen Platz und nahrhafte, durchlässige Erde, die bei Trockenheit feucht gehalten werden sollte. Ab April wird das Kraut am besten im Abstand von vier Wochen ausgesät, damit immer frische Blättchen zur Verfügung stehen, die vor der Blüte gepflückt werden sollten. Da die Samen Lichtkeimer sind, nicht mit Erde bedecken, sondern nur etwas andrücken. Wenn Dill von Nematoden befallen wird und Probleme bereitet, können dazugepflanzte Tagetes helfen – sie vertreiben die Nematoden. Am schönsten sind natürlich die ebenfalls essbaren Gewürztagetes *Tagetes tenuifolia*.

Duftpelargonie
Pelargonium fragrans
Es gibt viele Arten, Sorten und Varietäten der Pelargonien, da sich die Pflanzen – fälschlicherweise noch häufig Geranien genannt – leicht untereinander kreuzen. Die Blätter haben nicht nur einen wunderbaren Duft, sie sind auch sehr formenreich, von herzförmig über gekraust bis zu filigran eingeschnitten. Die Pelargonien kommen ursprünglich aus Südafrika und wurden aus der Kapkolonie in das Mutterland England eingeführt. Sie wuchsen dort zunächst in den Gewächshäusern des Landadels, später auch auf den Fensterbänken des Bürgertums. Im 18. und 19. Jahrhundert standen in Deutschland in vielen guten Stuben die als Zitronen- und Rosengeranien bekannten Pelargonien. Nachdem aber die großblumigen Balkonpelargonien eingeführt und gezüchtet wurden, gerieten die weniger auffallenden Duftpflanzen in Vergessenheit. Heute erleben sie ihr Comeback: Bei spezialisierten Züchtern ist das Angebot an alten Sorten wieder sehr reichhaltig. Neben den Duftrichtungen Rose und Zitrone gibt es noch Sorten mit fruchtig-würzigem Aroma; dazu gehören beispielsweise *Pelargonium citrosmum* mit Oran-

Duftpelargonie
Pelargonium fragrans

genduft, *Pelargonium fragrans* mit Muskatnussaroma, *Pelargonium tomentosum* mit Pfefferminzgeschmack und *Pelargonium odoratissimum* mit Apfelduft. Die meisten Pelargonien lieben einen sonnigen Platz, Ausnahmen sind *Pelargonium tomentosum*, *Pelargonium odoratissimum* und *Pelargonium graveolens*, die Halbschatten bevorzugen.
Wichtig ist eine gute Drainageschicht in den Töpfen, denn „nasse Füße" mag keine Pflanze aus südlichen Gefilden. Die ideale Erdmischung ist mit Sand, Kompost und etwas Holzkohle vermischte Einheitserde. Gedüngt werden kann mit Horn- und Knochenmehl und eine kleine Kalkbeigabe im Gießwasser soll die Duftnoten intensivieren. Regelmäßiges Ausspitzen fördert ein kompaktes, buschiges Wachstum. Zum Überwintern ist ein kühler, aber frostfreier, heller Platz im Haus geeignet. Die Duftpelargonien können jedoch auch warm im Wohnbereich überwintert werden. So kann man auch in der kalten Jahreszeit ihre wunderbaren Düfte genießen. In der Ruhephase wird wenig gegossen und nicht gedüngt.
Durch feine Drüsenhaare auf den Blättern und Stängeln werden die ätherischen Öle freigesetzt, die so typisch für die Pflanzen sind. Hauptduftstoffe sind Citronellol und Geraniol. Je nach Mischung, wobei noch andere Komponenten wie Terpentine, Menthol und Alkohole eine Rolle spielen, entstehen verschiedene Duftnuancen. Als typische Blattdufter verströmen die Pflanzen nur bei Berührung, Wind oder Regen ihren Duft. Eine Ausnahme macht die Citronellapelar-

gonie *Pelargonium crispum*, die ihren zitronigen Duft an sonnigen Tagen ohne Berührung freisetzt.

Die wunderbaren Düfte galten früher als Heilmittel und magische Kraftquelle, wie heute wieder in der Aromatherapie, mit der auf ganzheitliche Weise körperliche und seelische Störungen behoben werden. Aus den Duftpelargonien wird ein ätherisches Öl gewonnen: das „Oleum Geranii", wie es – botanisch falsch – immer noch heißt, weil es sich so eingebürgert hat. Es wird aus *Pelargonium capitatum* 'Attar of Roses' gewonnen, bekommt nach einer Lagerzeit von ein bis zwei Jahren einen rosenähnlichen Duft.

Mit den wunderbar duftenden Blättern können Tees, Sirupe, Gelees und Marmeladen, Cocktails, Desserts und Kuchen aromatisiert werden. Unter den zahlreichen Duftnuancen der verschiedenen Arten und Sorten ist bestimmt für jeden eine dabei! Die Pflanzen mit den besonderen Blattqualitäten können – um etwas Farbe ins Bild zu bringen – mit ihren Schwestern, den Balkonpelargonien, kombiniert werden. Auch der lilafarbene, vanilleduftende Heliotrop, den es auch in Weiß und Hellblau gibt, bringt Farbe und eine neue Duftvariante ins Spiel. Übrigens kann die im Handel als einjährig angebotene Pflanze genauso überwintert werden wie die Pelargonien!

Estragon
Artemisia dracunculus

Estragon

Artemisia dracunculus

Die bis zu 150 Zentimeter hohe, buschig verzweigte Staude mit myrtenähnlichen schmalen Blättchen blüht unscheinbar hellgrün von August bis Oktober. Besonders feines, etwas süßliches Aroma hat *A. dracunculus* var. *sativa*, der Französische Estragon, auch Echter Estragon genannt. Er ist zierlicher im Wuchs und bleibt insgesamt kleiner, leider ist er auch weniger wüchsig. Aber an einer warmen Wand gedeiht er recht gut. Er bevorzugt durchlässige Böden und Sonne. Der Russische Estragon reicht nicht an das Aroma heran, ist aber durchaus auch verwendbar. Die jungen Triebe können im Frühjahr als Gemüse gedünstet werden. Zwischen diesen steht der Deutsche Estragon, dessen Aroma wie eine Kreuzung der beiden ist. Er ist nicht ganz so empfindlich wie der Französische Estragon und toleriert auch lichten Schatten.

Estragon wirkt harntreibend und verdauungsfördernd, regt die Gallensekretion an und vermindert das Völlegefühl. Besonders der Französische Estragon mit dem lieblichen Aroma mit Anisanklang ist eine feine Würze zu Salaten, Suppen, Saucen, Kräuterbutter und Remoulade, auch zu Fisch, zum Beispiel zu Seezunge und Seeteufel. Zusammen mit Kerbel und Petersilie gehört Estragon zu den „fines herbes“, also zu den besonders edlen Kräutern, die auch für Omelette verwendet werden. Das wunderbare Aroma kommt aber am besten zur Geltung, wenn das Kraut einzeln gebraucht wird. Es ist berühmt als Würze in der Sauce béarnaise, eine interessante Zutat zu Tomatensalat und zu Frischkäse, eine köstliche Zugabe für Fisch sowie Kalb- und Geflügelfleisch. Es eignet sich besonders gut zum Aromatisieren von Essig. Nur frisch verwenden – getrocknet verliert Estragon sein feines Aroma, Kräutertees verleiht er eine würzige Nuance.

Fenchel

Foeniculum vulgare

Der strauchartig wachsende, nach Anis duftende Gewürzfenchel gedeiht wild in allen Mittelmeerländern an warmen, trockenen und kalkreichen Standorten. Die Römer brachten ihn nach Nordeuropa, und heute ist er in vielen Ländern eingebürgert. Die winterfeste, mehrjährige Pflanze ist an nicht zusagenden Standorten nur kurzlebig; an sonnigen Plätzen jedoch verströmt sie Jahr für Jahr besonders im Herbst einen würzigen, aromatischen Duft nach Anis und Lakritz, der an den Macchiaduft des Südens erinnert. Im Kräutergarten ist der buschige, bis zu zwei Meter hoch werdende Fenchel eine große Erscheinung. Mit seinen feingefiederten hellgrünen Blättern und den ihn von Juli bis September zierenden schwefelgelben Doldenblüten (auch sie können in der Küche verwendet werden!) ist er dekorativ und passt gut in den Blumen- und Rosengarten. Er sorgt für eine reichliche Selbstaussaat, überzählige Sämlinge können im Jugendstadium noch leicht entfernt werden. Später allerdings entwickelt sich eine Pfahlwurzel, die den Fenchel fest im Boden verankert.

Fenchel
Foeniculum vulgare

Der Bronzefenchel *Foeniculum vulgare* 'Atropurpureum' ist etwas kleiner und schwachwüchsiger, er wird bis zu anderthalb Meter hoch. Sein rotbraunes Laub sieht nicht so frisch aus wie das Laub des maigrünen Gewürzfenchels, ist aber interessant zu weißen Strauchrosen wie 'Schneewittchen'. Der grüne Fenchel hingegen sieht zur Blütezeit zu gelben Strauchrosen wunderschön aus. Im Garten, aber auch in bunten Sommersträußen, wirkt blühender Fenchel schmeichelnd und verbindend.

Bei uns werden hauptsächlich die halbmondförmigen, gerippten Fenchelsamen für einen blähungstreibenden, krampflösenden Tee genutzt. Aber Fenchelsamen kann vielseitiger eingesetzt werden! Er macht frisches Brot leichter verdaulich und gehört zusammen mit Koriander, Anis und Kümmel zu den traditionellen Brotgewürzen. In südlichen Ländern wird er zur Reinigung des Atems gekaut, er verringert sogar das Hungergefühl. Fenchel wird in Erkältungstees gemischt, als Spülung für entzündete Augen empfohlen und als Gewürz für Kräuterliköre eingesetzt. In Frankreich gibt es den Fenchellikör „Fenouillette", in Italien wird gar die Salami „Finocchiona" mit Fenchel gewürzt. Die Fenchelfrüchte passen zu süßen und zu salzigen Speisen, zu Brot, Kuchen und sogar zu Fisch. Wenig bekannt ist die Tatsache, dass neben den Samen auch das würzige Fenchelkraut, das sogar im Winter direkt aus der Basis frisch nachwächst und zu Fisch, Krabben und Kräutersuppen eine überraschende Würze liefert, genutzt werden kann. In heißen Ländern, in denen Dill nicht gedeiht, wird es als Ersatz gebraucht. Doch das ist noch nicht alles: Schon die Römer aßen Fencheltriebe als Gemüse, und heute wird der aus dem Wildfenchel gezüchtete Gewürzfenchel *Foeniculum vulgare* var. *dulce* überall angebaut. Das zarte frische Kraut sollte auch beim Gemüsefenchel mitverwendet werden, denn es enthält reichlich Vitamin A und E. In Kartoffel- und Fischsuppen, zu Gurkensalat und in Salatsaucen, zu Eiern oder zu Lachs und anderen Fischen sollten Sie das aromatische, süßliche Kraut ruhig mal probieren.

Kapuzinerkresse

Tropaeolum majus

Die Kapuzinerkresse kommt ursprünglich aus Peru und wird heute in vielen Gebieten der Erde kultiviert. Seit dem 16. Jahrhundert blüht sie auch in unseren Gärten. Die blaugrünen, schildartigen Blätter mit auffallender Äderung schmecken kresseähnlich und pfeffrig-scharf. In Peru wurde die Pflanze von alters her zur Behandlung von Wunden gebraucht. Blüten gibt es in kräftigen, warmen Farbtönen. In den Samentüten sind in der Regel Mischungen mit roten, orangefarbenen und gelben trompetenförmigen Blüten erhältlich. Auffallend ist bei allen der lange Sporn am Kelchgrund, in den sich leider gerne Insekten setzen. Deshalb sollten die Blüten vor dem Verzehr gründlich untersucht werden. Der Name der schönen Pflanze stammt von den Kapuzinermönchen, die helmartige Kapuzen trugen. Helm-

Kapuzinerkresse
Tropaeolum majus

artige Blüten und Blätter wie Schilde: auch die botanische Sprache kann sehr bildhaft sein! Die in ihrer Heimat als mehrjährige Staude gezogene Pflanze ist bei uns ihrer Kälteempfindlichkeit wegen nur einjährig. Im Februar/März wird sie im Gewächshaus oder im Zimmer ausgesät. Erst nach den Eisheiligen kann sie in Kübel und Töpfe gesetzt werden. Ab Anfang Mai ist auch eine Direktsaat möglich. Die Kapuzinerkresse gedeiht in der Sonne, aber auch noch im Halbschatten und benötigt humose Erde, jedoch nicht zu reichliche Nahrung. Sie bildet sonst zu viele Blätter, aber nur wenige Blüten. Es gibt kletternde Formen der Pflanze, die auch Pergolen und Gitter beranken oder effektvoll in Töpfen wachsen können, aber ebenfalls niedrig bleibende, kompaktere Formen, die nicht so viel Platz benötigen. Eine besonders schöne Sorte ist dabei 'Alaska' mit weißgefleckten Blättern. Im Topfgarten muntert die Kapuzinerkresse die Topfgesellschaft mit ihren farbenfrohen leuchtenden Blüten auf. Sie passt dort gut zu Gemüsen und geht besonders mit dem rubinroten Mangold eine glückliche Farbliaison ein. Auch bei der Tomate, die ebenfalls aus Südamerika stammt, fühlt sie sich ganz heimisch. Das Gemüse darf dann allerdings nicht zu stark gedüngt werden. Wenn man reichlich ernten möchte, sollte die Kapuzinerkresse daher einen eigenen Topf bekommen. Werden die Töpfe nahe zusammengestellt, muss man auf den Farbeffekt dennoch nicht verzichten. Und wer eine besonders farbenfrohe Terrasse haben möchte, setzt einfach in jeden noch freien Topf die dekorative Kapuzinerkresse. Aber nicht nur optisch ist die Pflanze interessant: Für ihre Inhaltsstoffe interessiert sich die moderne Wissenschaft. Ein Bestandteil mit antibiotischer Wirkung, das Benzyl-Senföl, wird aus der frischen Pflanze extrahiert und bei Harnwegsentzündungen, Grippe und Bronchitis eingesetzt. Blüten, Blätter und Samen haben überdies einen hohen Vitamin-C-Gehalt. Als frische Würze für viele Salate kann ein Kapuzinerkresse-Blütenessig (Rezept siehe Seite 175) hergestellt werden. Die Blüten dekorieren nahezu alles an Salaten, kalten Platten und Suppen. Die Blätter können als handliche, formschöne Unterlage für Kräuterbutter oder Frischkäse mit Forellenkaviar dienen. Feingeschnittene junge Blätter würzen zudem wie Kresse oder Brunnenkresse. Die noch weichen Samen können als Kapernersatz eingelegt werden (Rezept siehe Seite 174). Die damals als Indianerkresse bezeichnete Pflanze wuchs früher in allen Gärten, in Kübeln und Kästen und an Zäunen. Schon in alten Kochbüchern findet man Rezepte für Salate aus Blüten und Blättern. Heute ist sie fast zur Mode-Dekorationsblume in der Küche und in Restaurants geworden. Aber da der Genuss der frischen Blätter und Blüten auch noch die körpereigenen Abwehrkräfte steigert, kann man das nur gutheißen!

Kerbel
Anthriscus cerefolium

Kerbel

Anthriscus cerefolium

Das zierliche einjährige Würzkraut galt in früheren Zeiten als „Musskraut“ wie die Petersilie. Beide durften in keinem Garten fehlen. Das nur 30 bis 50 Zentimeter hoch werdende dekorative Küchenkraut hat weiche, gefiederte, farnartige Blättchen mit zartem Anisgeschmack und weiße Blüten (die Blütezeit variiert je nach Aussaat). Es sollte nur vor der Blüte genutzt werden, da es nach der Blüte das gute Aroma verliert.

Kerbel ist reich an Mineralstoffen, Eisen, Kalzium und Magnesium. Er hat ebenso viel Vitamin C und Karotin wie Petersilie; außerdem besitzt er eine östrogenähnliche Substanz. Reichlicher Genuss wirkt entschlackend, stoffwechselanregend und hilft bei Kreislaufbeschwerden.

Die zarten Kerbelblättchen würzen Salate, Eier, Möhren, Kohlrabi und Käse. Sehr gut passen sie zu Lachs, Krabben und Forellenkaviar. Besonders lecker ist eine Kerbelsahnesuppe mit Pernod; einige Blättchen veredeln auch eine Kartoffelsuppe. Nur frisch verwenden und nur kurz erhitzen, sonst leidet das feine Aroma. Einfrieren ist möglich.

Kerbel gedeiht gut im Halbschatten. Er keimt nur bei Temperaturen unter 15 °C, deshalb im Frühjahr oder Herbst aussäen. Da der Samen zu den Lichtkeimern gehört, darf die Saat nicht mit Erde bedeckt werden. Das Kraut liebt feuchte, aber durchlässige und lockere Böden. Bei Trockenheit geht es zu früh in Blüte und ist dann nicht mehr so aromatisch.

Günstig ist ein ungestörter Platz, an dem sich Kerbel selbst aussamen kann. Dann hat man automatisch junge Pflänzchen, die sogar im Winter geerntet werden können. Schnecken mögen Kerbel nicht. Deshalb kann er als Schutzsaat bei gefährdeten Pflanzen benutzt werden.

Knoblauch

Allium sativum

Knoblauch wird überall auf der Welt kultiviert. Er ist für die asiatische und mediterrane Küche unverzichtbar. Schon seit Jahrtausenden werden seine antibiotischen Eigenschaften in der Medizin genutzt, und die ägyptischen Arbeiter an den Pyramiden erhielten gar eine tägliche Knoblauchration zur Stärkung. Wegen des Geruchs galt er lange Zeit als vulgär, als Gewürz der Armen und Gastarbeiter. Seit wir in fremde Suppentöpfe gucken, wird Knoblauch auch bei uns kulinarisch aufgewertet.

Knoblauch schützt alle Nachbarpflanzen vor Pilzkrankheiten. Also sollten Sie an sonnigen Plätzen die Brutzwiebeln ruhig großzügig verteilen. Auch wenn sie hier nie so üppig werden wie die Knoblauchknollen aus dem Süden, lecker ist dieser junge zarte Knoblauch im Frühjahr bestimmt! Man kann übrigens auch nur das frische Grün abschneiden wie beim Schnittlauch; die Pflanze wächst dann wieder nach.

Der gesundheitliche Nutzen ist groß, wenn wir Knoblauch häufig verwenden: Er wirkt entgiftend, blutdruck- und cholesterinsenkend und antibiotisch.

Knoblauch (Brutzwiebeln)
Allium sativum

Ganz oben im Bild ist der Riesenknoblauch *Allium ampeloprasum* 'Elephant' abgebildet, links darunter ist Tunesischer Knoblauch, darunter Balkan-Knoblauch zu sehen. Rechts mit deutlich gespaltenen Zehen liegt 'Rocambole', der italienische Knoblauch, ganz unten Knoblauch aus Hongkong. Dazwischen sind die Brutzwiebeln zu sehen, die sich aus den Blütenständen entwickeln.

Seit Jahrtausenden werden seine antibiotischen Eigenschaften in der Medizin genutzt. Seine Heimat sind der Orient und Ostindien. Heute wird er überall auf der Welt kultiviert. Geerntet wird nach Bedarf, die nicht benötigten Knollen können im Boden bleiben und sich dann weiter vermehren. Der Riesenknoblauch *Allium ampeloprasum* hat pflaumengroße Zehen. Seine Knolle ist so groß wie eine Speisezwiebel. Edenrose' ist eine mildwürzige Sorte aus Frankreich mit guter Haltbarkeit.

Die einzelnen Zehen werden im Frühjahr oder im Herbst gesteckt. Der wärmeliebende Knoblauch wächst am besten auf durchlässigen Böden in der Sonne. Bei lehmigen Böden sollte eventuell etwas Sand eingearbeitet werden.

Die eher unauffällige Pflanze ist im knospigen Zustand sehr dekorativ. Die Blüte ist dann von einem papierdünnen Hochblatt eingehüllt, das sich zum Erblühen öffnet. Aus der rötlichweißen, kugeligen Blüte entwickeln sich Brutzwiebeln, die im Herbst wieder neu gesteckt werden können. Knoblauch braucht wenig Platz und muss nicht unbedingt in ordentlichen Reihen gezogen werden. Seine antibiotische Kraft ist im Garten überall eine gute Hilfe.

Im Sommer können Sie den Knoblauch bei Bedarf ernten. Die übrigen Knollen bleiben so lange im Boden, bis sie irgendwann benötigt werden.

Erntezeit ist, wenn sich das Laub ab Ende Juli zu färben beginnt. Knoblauch wird nur bei trockenem Wetter geerntet und zum Nach-

trocknen noch einige Tage im Freien gelagert.
Knoblauch ist ein Breitbandantibiotikum, das gegen Bakterien, Pilze, Hefen und Viren wirksam ist. Das bewirkt vor allem das Sulfid Alliin. Beim Zerkleinern wird es zu dem stark riechenden Allicin abgebaut, dessen Duft durch alle Poren dringt. Aber der Knoblauchgeruch signalisiert, dass die Wirkstoffe überallhin gelangt sind. Gehackter oder gepresster Knoblauch sollte zehn Minuten ruhen, bevor er weiterverarbeitet wird, damit sich die heilsamen Substanzen entwickeln können. Zu den weiteren Inhaltsstoffen zählen Sulfide, B-Vitamine, Vitamin C, Zink, Mangan, Selen und das seltene Spurenelement Germanium, das für eine bessere Sauerstoffversorgung des Körpers sorgt. Knoblauchgenuss schützt vor Krebs und Herzkrankheiten, stärkt die Immunkraft, wirkt desinfizierend und blutverdünnend, bekämpft Infektionen und senkt den Blutdruck und den Cholesterinspiegel. Der Verzehr von täglich zwei rohen Knoblauchzehen schützt vor Erkältung. In Polen wird Knoblauchextrakt gegen Bronchitis und Asthma eingesetzt. Die vielseitige Knolle enthält Quercetin wie die Zwiebel und ist deshalb auch bei Allergien wirksam. Der Genuss lässt die Schleimhäute abschwellen.
Dank seiner guten Lagerfähigkeit steht er auch im Winter zur Verfügung. Dann ist seine vitalisierende Kraft besonders gefragt. Die Verwendung geringer Mengen von Knoblauch, wie sie zum Beispiel in der chinesischen Küche üblich ist, betont bei vielen Ge-

richten besonders den Eigengeschmack. In mediterranen Ländern hingegen darf es manchmal auch ein bisschen mehr sein. Knoblauch würzt zusammen mit Thymian und Rosmarin Lamm- und Kaninchenbraten und gehört in die Gazpacho. In der Knoblauchsuppe und beim Knoblauchbrot spielt er die Hauptrolle. An einem arbeitsfreien Wochenende ist eine provenzalische Gemüseplatte mit Aioli ein gesunder Genuss. Gegen den Geruch nach einer Knoblauchmahlzeit werden übrigens folgende Mittel empfohlen: Rotwein, Kaffee, Nelken, auch Petersilie oder Joghurt.

Ein zeitsparender **Tipp**: Wenn die Zehen durch die Knoblauchpresse gedrückt werden, ist es nicht nötig sie zu schälen, und man erspart sich den Geruch an den Fingern und hat einen feinen Brei. Knoblauch wird durch Anbraten bitter, deshalb erst zum Schluss zugeben.

Knoblauchsrauke
Alliaria petiolata

Knoblauchsrauke

Alliaria petiolata

In Laubwäldern, an Hecken, Wegrändern und im Gebüsch wächst das gemeine Lauchkraut, auch Lauchhederich genannt. Das 20 Zentimeter bis einen Meter hohe Kraut blüht mit weißen vierzähligen Blüten in einfachen oder verzweigten Trauben von Mai bis Juni. An Wegrändern wächst die Knoblauchsrauke häufig in größeren Beständen. Sie ist weit verbreitet; man findet sie in Europa und Nordafrika, in Asien bis in den Himalaja und in Australien. Sie liebt stickstoffreiche feuchte Böden. Dort keimt sie noch im Jahr der Samenreife und geht als grundständige Rosette in den Winter. Die kräftiggrünen Grundblätter sind nieren- bis herzförmig, die Stammblätter mehr oval und spitz gezähnt. Beim Zerreiben entwickelt sich der typische Knoblauchduft. Der Gattungsname *Alliaria* stammt aus dem Lateinischen und weist auf den unverwechselbaren Geruch der Pflanze hin. Sie ist jedoch nicht mit den Alliumgewächsen verwandt, auch ihre Inhaltsstoffe ähneln denen des Knoblauchs nicht.

In der Volksmedizin wurde sie wegen ihrer antiseptischen Eigenschaften bei Husten, eiternden Wunden und Insektenstichen verwendet. Außerdem regt die Knoblauchsrauke alle Verdauungsdrüsen an und fördert so den Appetit. Das knoblauchähnliche Aroma macht sie für Suppen, Saucen und Nudelgerichte geeignet, auch für Kräuterbutter und Quark. Wie bei allen Wildkräutern schmecken die jungen Blätter vor der Blüte am besten, sie können aber auch noch während der Blüte genommen werden. Man kann sie schon im zeitigen Frühjahr ab Februar/März nutzen, und sie sind dann auch sehr willkommen, da es im Garten noch nichts zu ernten gibt. In England wurde früher eine Sauce mit Knoblauchsrauke, Weißdornknospen, Muskat, Zucker und Weinessig zu Lammfleisch gereicht. In „Culpeper's Herbal" aus dem 19. Jahrhundert wurde der Leser aufgefordert: „Leser, versuch ein bisschen davon in Deinem nächsten Salat!" Diesen ermunternden Satz sollten wir auch heute ruhig beherzigen, denn das Wildkraut steht überall reichlich zur Verfügung. Die länglichen Samenschoten können ebenfalls verwendet werden: als Gewürz wie Senfkörner, zum Einreiben von Fleisch oder als Brotgewürz.

Knolau (Schnittknoblauch)
Allium tuberosum

Der chinesische Schnittknoblauch *Allium tuberosum* ist mit seinen schönen weißen Blüten und einer langen Blütezeit auch ein nützlicher Gast im Blumengarten. Ihm zu Füßen wächst die einjährige *Tagetes tenuifolia.*

Knolau/Schnittknoblauch
Allium tuberosum

Knolau wird nach seiner Herkunft auch Chinalauch oder Chinesischer Schnittlauch genannt. Schnittlauch- und Knoblaucharoma ist in der pflegeleichten Pflanze in milder Form vereint. Knolau stammt aus der Bergregion Chinas und dem östlichen Himalaja und kommt auch in Japan wild vor. In Asien wird der vielseitige Lauch eher als Gemüse statt wie bei uns als Gewürz verwendet. Seine Blätter werden durch Abdecken mit Matten oder Dachziegeln strohfarben gebleicht und bündelweise auf den Märkten verkauft.

Knolau ist absolut winterhart, er wächst am besten auf nährstoffreichen, feuchten Böden, in voller Sonne oder halbschattig. Die straff aufrechte und horstbildende Pflanze wird 30 bis 50 Zentimeter hoch und blüht erst spät im Jahr von Ende Juli bis September. Die Blüten sind halbkugelig, zusammengesetzt aus weißen sternförmigen Blüten, in deren Mitte sich später im Jahr die grünen Samen bilden.

Blüten und Samen sind ebenso essbar wie die Blätter, mit dem gleichen, aber milderen Knoblaucharoma.

Die pflegeleichte, mehrjährige Pflanze wird von März bis August ausgesät, keimt allerdings langsam. Ältere Pflanzen lassen sich im Frühjahr oder Herbst leicht teilen. Um die Vitalität zu erhöhen, sollte das sogar alle 3 bis 4 Jahre gemacht werden.

Die Laubblätter sind flach und lassen sich wie Bärlauch und Schnittlauch verwenden. Sie sind reich an Vitamin C und wirken appetitanregend, verdauungsfördernd und blutdrucksenkend.

Knolau eignet sich für Salate, Suppen, Rührei, Omelett, Hackfleisch, Käse, Quark und Wokgerichte. Nur kurz andünsten, er sollte noch knackig sein. Beim Kochen verliert Knolau das Aroma. Noch geschlossene Blütendolden werden in Asien mitsamt den Stielen gedünstet. Die wunderschönen, sternförmigen weißen Blüten lassen sich über Suppen und Salate streuen und die grünen Samen sind leckere, gesunde „Knoblauchpillen" und können vielseitig verwendet werden.

Die Blüten leuchten schön wie kleine Sterne und sind in der Vase lange haltbar, wie so viele andere Alliumblüten aus der großen und vielseitigen Sortenfamilie. Alles in allem ist die absolut pflegeleichte Pflanze für Garten und Küche wärmstens zu empfehlen. Auch für Rosen- und Blumenbeete.

Koriander

Coriandrum sativum

Das aromatische einjährige, bis 50 Zentimeter hohe Kraut aus Asien ist nach dem Siegeszug des Basilikums zu einem neuen Modekraut geworden. Die Blätter ähneln denen der glatten Petersilie und nehmen auch

Koriander
Coriandrum sativum

mancherorts ihre Stelle ein. So wird Koriander auch als Chinesische Petersilie bezeichnet. Die rosa-weißen Blüten erscheinen von Juni bis August, die kleinen runden hoch aromatischen Samen im August. Als Gewürz und als Heilpflanze war Koriander schon den alten Ägyptern bekannt. Auch in China und Indien kennt man es seit Jahrtausenden.

Nicht alle mögen den exotischen, gewöhnungsbedürftigen Geruch, dem Koriander den Namen Wanzenkraut verdankt. In der Gastronomie trägt er neuerdings den aus dem Spanischen übernommenen Namen „Cilantro“. Es gibt inzwischen auch spezielle Züchtungen, die mehr Blätter bilden. Die Samenreife erfolgt spät, deshalb kann länger geerntet werden.

Koriandersamen wirken günstig bei Magen- und Darmbeschwerden, auch bei leichten Krämpfen im Verdauungstrakt.

Das Aroma der Blätter ist ein wichtiges Originalgewürz in indischen Currygerichten. Die Samen werden bei uns seit alters als Brotgewürz gebraucht. Frisches Brot wird dadurch besser bekömmlich. Koriander ist ein Lebkuchengewürz und wird zum Einlegen von Gurken und Roter Bete verwendet. Er würzt so Unterschiedliches wie Schokolade, Fleisch und Gemüse.

Das asiatische Gewürz ist nicht besonders anspruchsvoll. Ein sonniger bis halbschattiger Platz und nährstoffreiche, gut durchlässige, etwas kalkhaltige Erde genügen zum Gedeihen. Ab April kann ausgesät werden, Folgesaaten sind zu empfehlen.

Kresse

Lepidium sativum

Das bekannte einjährige Würzkraut – heute in jedem Supermarkt erhältlich – stammt ursprünglich aus Persien. Der besonders hohe Vitamin-C-Gehalt und ein natürliches Antibiotikum sind gute Gründe für den reichlichen Genuss, besonders im Winter zu Grippezeiten. Zudem wird die Fettverdauung gefördert. Der scharf-würzige, erfrischende Geschmack passt gut zu Eiern, Tomaten, Radieschen, Salaten, Butter, Quark und Käse.

Die wenig anspruchsvolle Kresse nimmt mit einem halbschattigen Platz vorlieb. Der Boden sollte feucht gehalten werden. Die Aussaat kann ab März stattfinden; Folgesaaten sind günstig. Kresse wird jung geerntet, sobald sie handhoch ist, später schmeckt sie zu scharf.

Sie kann überall als Lückenfüller dienen und passt besonders gut zu einer Radieschenaussaat. Im Winter lässt sie sich auch leicht auf der Fensterbank ziehen.

Kresse
Lepidium sativum

Kümmel

Carum carvi

Das zweijährige Kraut ist sehr winterhart und anspruchslos. Im ersten Jahr wird nur eine Blattrosette gebildet. Im zweiten Jahr erreicht die Pflanze eine Höhe von 50 bis 100 Zentimeter. Sie blüht von Mai bis Juli mit weißen bis rosa Blütendolden. Kümmel gehört zu den ältesten Gewürzen der Welt. Bei Ausgrabungen der Jungsteinzeit fanden die Archäologen Speisereste mit wildwachsen-

Kümmel
Carum carvi

dem Kümmel. Das ideale Gewürz für fette und schwerverdauliche Speisen wird seit der Antike als Würz- und Heilmittel angebaut. Erste schriftliche Hinweise in Mitteleuropa gibt es seit der Zeit Karls des Großen.
Kümmel ist pflegeleicht und verträgt auch Halbschatten, braucht aber nährstoffreiche, kalkhaltige Böden. Sandböden sind nicht optimal.
Die sichelförmigen, aromatischen Samen werden Ende März bis Mitte April oder von Ende Juli bis Anfang August direkt ins Freiland gesät. Die Samen nicht oder nur dünn mit Erde bedecken, Kümmel gehört zu den Lichtkeimern. Günstig ist eine Aussaat als Nachfrucht von Kresse. Nie in die Nähe von Fenchel aussäen, die Pflanzen hemmen sich gegenseitig im Wachstum.
Der Samen lässt sich im zweiten Jahr ab August ernten. Die abgeschnittenen Dolden werden zum Nachreifen an einem luftigen schattigen Ort aufgehängt. Wenn die Samen trocken sind, können sie von den Dolden abgerebbelt werden. In gut verschließbaren Behältern aufbewahren. Das Aroma hält sich bis zu vier Jahre.
Kümmel hemmt das Wachstum von Bakterien und Pilzen und hat eine stärkende Wirkung auf Magen und Darm, regt die Verdauung an und lindert Blähungen. Er fördert die Magensaftsekretion und die Gallensaftbildung. Das beste Mittel gegen Blähungen und Magen- und Darmkrämpfen ist ein Kümmeltee. Dazu werden die Samen leicht gemörsert und dann mit heißem Wasser aufgegossen, 10 Minuten ziehen lassen. Kümmelöl

aus der Apotheke ist ein beliebtes Massagemittel bei Koliken im Säuglingsalter.
Der Geschmack ist warm würzig und ein wenig bitter. Kümmel wird als Brotgewürz, zu Sauerkraut und Kohl, Rote Bete, Möhren, Brat- und Backkartoffeln, Schmorgerichten, Zwiebelkuchen, Kraut- und Wurstsalat und in Pilzgerichten verwendet. Im Elsass wird Kümmel traditionell auf den Münsterkäse gestreut. Die Samen werden auch zur Likörherstellung genutzt, sowie für den bekannten Aquavit, der als verdauungsfördernd gilt. Wer nicht auf Körner beißen möchte, kann die Samen fein mahlen oder mörsern oder in ein Mullsäckchen geben und nach dem Mitkochen entfernen. Wie in Indien und im Orient üblich können Sie Kümmel, am besten gemischt mit weiteren verdauungsfördernden Gewürzen wie Anis und Fenchel, zum Knabbern nach dem Essen reichen. Das erfrischt auch den Atem.
Junge Blätter und die weißen Blüten sind eine milde Salatbeigabe, sie eignen sich als Zutat für Kräuterbutter und Kräuterquark.

Lauch
Allium
Knoblauch, Zwiebel und ihre Verwandten aus der großen Alliumfamilie gehören seit Jahrtausenden in der ganzen Welt zu den beliebtesten Küchenzutaten. Gemeinsam ist ihnen der hohe Gehalt an ätherischen Ölen. Sie wirken antibakteriell und schleimlösend, regulieren den Blutdruck und können Blutfettwerte und Blutzucker senken.
Die Alliumgewächse sind „von Kopf bis Fuß“,

Lauch
Allium

das heißt von der Zwiebel bis zur Blüte einschließlich des grünen Blattwerks, voller kulinarischer Möglichkeiten. Ob Zwiebel, Porree oder Knoblauch – bei allen können im Frühjahr auch die frischen grünen Triebe geerntet werden. Die kugeligen Blüten von Lauch, Schnittlauch, Bärlauch, sogar vom Zierlauch sind roh oder gedünstet eine überraschende, schmackhafte Küchenzutat. Doch nicht nur als Gaumen-, sondern auch als Augenschmaus bei Gerichten, in der Vase und im Garten erfreuen sie den Genießer. Die ornamentalen Pflanzen bilden mit ihren aufrechten hohen Schäften einen reizvollen Kontrast zu kugeligen Salaten. Sie fördern die Blühwilligkeit von Zierpflanzen und schützen gleichzeitig vor Pilzerkrankungen. Es gibt mehrere hundert Alliumarten auf der nördlichen Erdhalbkugel. Die Heimat der meisten Arten ist Mittelasien. In ihren Zwiebeln speichern die Pflanzen Nährstoffe und Wasser und überleben dadurch auch in Trockenzeiten oder in Gegenden, in denen das Wasser knapp ist. Durch diese Überlebenstechnik bedingt, vergilbt das Laub früh und hinterlässt dann Lücken in der Bepflanzung. Deshalb sollten Alliumarten in der Regel nicht im Vordergrund stehen, sondern in der Mitte. Dort können die Nachbarpflanzen diese wenig dekorative Eigenschaft verdecken. Während sich die bekannte Zwiebel *Allium cepa* und der Gemüselauch *Allium porrum* var. *porrum*, auch Porree genannt, nicht für das Blumenbeet eignen, passen die Winterhecke *Allium fistulosum* und der Schnittlauch *Allium schoenoprasum* gut ins Bild.

Die eigentlichen Zierlaucharten werden gern im Bauerngarten gesetzt, können aber genauso gut einen Kräutergarten verzieren. Es ist aber kaum bekannt, dass ihre dekorativen, aus stern- oder glockenförmigen Einzelbällen zusammengesetzten Blütenkugeln wie Schnittlauchblüten essbar sind. Zierlaucharten blühen von Anfang Mai bis in den Sommer. Besonders dekorativ ist *Allium aflatunense* mit großen kugeligen lilafarbenen Blüten, er blüht im April/Mai und wird bis zu einem Meter hoch. *Allium sphaerocephalon* hat kegelförmige Blüten in Lila und blüht im Juni/Juli, er wird etwa 60 Zentimeter hoch. Beide sind attraktive Ergänzungen im sonnigen Staudenbeet. Die Blumenzwiebeln werden von September bis Oktober in den Boden gebracht. Besonders üppig blühen die Pflanzen, wenn sie im Frühjahr mit etwas Knochenmehl gedüngt werden.

Probieren Sie ruhig, auch die allgemein „nur" als nützlich angesehenen Mitglieder der großen Alliumfamilie in ein Blumenbeet zu integrieren – die Grenzen zwischen Nutzen und Schönheit verwischen sich. Und wir profitieren gleich doppelt, wenn wir uns nicht nur an ihrer Schönheit erfreuen, sondern auch den hohen Vitamin-C-Gehalt und die blutdrucksenkenden Inhaltsstoffe nutzen. Die Familienzugehörigkeit aller Laucharten ist leicht am zwiebelig-scharfen Geruch erkennbar, wenn Stiele oder Blüten zerdrückt werden.

Nur der Bärlauch *Allium ursinum* gibt den typischen Knoblauchgeruch auch ohne Berührung an die Umgebung ab. Aber er eignet

sich wegen seines Verwilderungsdrangs ohnehin nicht für das Blumenbeet, sondern besser für den Wildgarten. Schön ist aber auch er mit seinen weißen Blütenbällen und den frischgrünen Blättern – und kulinarisch gesehen eine Delikatesse!
Die Blüten der hier aufgeführten Alliumarten sind durchweg so wohlschmeckend wie Schnittlauchblüten, obwohl jede Art ihren Eigengeschmack hat. Probieren Sie deshalb doch mal Ihren Zierlauch! Er bietet sich immer da an, wo auch ein milder Zwiebelgeschmack passen würde.

Lavendel
Lavandula angustifolia

Lavendel
Lavandula angustifolia
Der in mediterranen Ländern auf felsigen, trockenen Hängen wildwachsende Lavendel mit den wunderbar duftenden lilafarbenen Blütenähren kam mit den Benediktinermönchen über die Alpen. Seitdem ist diese beliebte Duftpflanze in Kräuter- und Blumengärten gleichermaßen unverzichtbar. Die Römer nutzten Lavendel zur Parfümierung des Bades, und die lateinische Bezeichnung stammt vermutlich von „lavare“, waschen. Die duftende Frische und die desinfizierende Wirkung der Pflanze ließen sie jahrhundertelang in der Haushaltsführung eine wichtige Rolle spielen. Die insekten- und mottenabwehrenden Lavendelsäckchen mit den getrockneten Blüten wurden vielerorts zwischen die Bettwäsche in den Wäscheschrank gelegt, und lavendelduftende Wäsche war der Stolz der Hausfrau. Zu den weiteren guten Eigenschaften des Wäschekrauts

gehören seine beruhigenden, krampflösenden und nervenstärkenden Inhaltsstoffe. Zur Zeit der englischen Königin Victoria war er als Beruhigungstee sehr beliebt – für viele stressgeplagte Menschen heutzutage vielleicht eine Alternative zu Beruhigungsmitteln. Der Tee hilft auch gegen Kopfschmerzen, Übelkeit und Schwindel.
Der recht langsam wachsende Lavendel benötigt einen kalkhaltigen, durchlässigen Boden und volle Sonne. Er braucht keinen Dünger und wenig Wasser. In zu stark gedüngten Böden verliert er seine schöne silbrige Farbe und vergrünt. Ein Schnitt nach der Blüte hält die Form kompakt und verhindert, dass der Strauch auseinanderfällt. Das Schnittgut kann gleich für Kopfstecklinge verwendet werden, denn Lavendel bewurzelt sich leicht in einer sandigen Erdmischung. Für kleine Gärten und für Einfassungen sind die kompaktwachsenden Lavendel 'Munstedt', 'Hidcote Blue' und 'Nana Alba' geeignet. Wunderschön ist ein duftender Lavendelpfad aus *Lavandula angustifolia* im Garten, für den hell- und dunkellilafarbene Sorten gemischt gepflanzt werden. Ab und zu kann auch eine weiß- oder rosablühende Sorte, etwa 'Rosea', dazwischen gesetzt werden. Die Blütezeit erstreckt sich von Juni/Juli bis August.
In den südlichen Ländern werden junge Blätter und blühende Triebspitzen des Lavendels auch als Gewürz genutzt. Die botanischen Unterschiede der Lavendelarten sind dabei für die Küche nicht so wichtig. Berühmt ist die Mischung „Kräuter der Provence“, zu der auch Lavendelblüten gehören. Zusammen

mit Thymian und Rosmarin ist Lavendel eine erstaunlich pikante Würze zu Lammkoteletts. Aber auch für Desserts eignet sich sein besonderes Aroma. Mit den getrockneten Blüten kann Zucker aromatisiert oder ein Obstsalat parfümiert werden. Lavendelessig ist in der Kosmetik, aber auch in der Küche nützlich. Der ungewöhnliche Geschmack ergänzt vorzüglich einen Wildkräuter- oder Radicchiosalat.

Zum Trocknen wird der Lavendel geerntet, wenn die Blüten gerade aufgehen, dann ist die Konzentration der ätherischen Inhaltsstoffe am höchsten. Milder und süßer wird ihr Aroma, kurz bevor sie verblühen. Für die Küche sind sie in diesem Stadium noch besser geeignet. Wie in seinen Heimatländern liebt Lavendel im Garten besonders eine Kombination mit Steinen. Von einer Natursteinmauer als Terrassenabgrenzung etwa kann er malerisch herunterhängen. Die abstrahlende Wärme von Mauern und Terrassen kommt seinem Wärmebedürfnis entgegen. Gut kombiniert ist der Lavendel mit anderen mediterranen Gewächsen wie Thymian, Salbei oder Oregano, die gleiche Standortbedingungen haben. Besonders schön in Kombination mit den nadelähnlichen Lavendelblättern sind die breiten, weichfilzigen Blätter von *Salvia officinalis* 'Berggarten'. Vom Aroma her passend ist der üppig blühende Salbei *Salvia lavandulifolia*, in dessen Duft wirklich ein Hauch von Lavendel mitschwingt. Salbei und Lavendel eignen sich beide vorzüglich für Küchenexperimente! Weißblühende Nelken bringen mit tiefviolettem Lavendel einen ganz anderen Duftakkord hervor. Lavendel und Rosen schließlich sind mittlerweile eine klassische Kombination, die aber noch immer sehr beliebt ist. Der Lavendel soll dabei die Schädlinge von den Rosen fernhalten – allerdings nicht immer eine leichte Aufgabe!

Liebstöckel

Levisticum officinale

Das fast wie ein überdimensionaler Sellerie aussehende Kraut stammt aus Persien. Die zwei Meter hohe stattliche Staude, sie wird auch Maggikraut genannt, kann im fetten Lehmboden noch höher werden. Liebstöckel gehört seit dem Mittelalter zum eisernen Kräuterbestand der Kloster- und Bauerngärten – konnte man doch mit der Würze kräftigen Geschmack auch an magere Suppen und Eintöpfe bringen. Ein weit verzweigter Wurzelstock sorgt für das imposante Kraut mit den dunkel glänzenden Blättern und den blassgelben Doldenblüten im Juli und August. Alle Teile können zum Würzen dienen: die Wurzel, die elliptischen Samen, Blätter und Stängel.

Liebstöckel
Levisticum officinale

Liebstöckel ist die ideale Würze guter Suppen und Eintöpfe. Man sollte jedoch zuerst nur wenig nehmen, denn der Geschmack kann leicht zu durchschlagend sein.

Besonders gut passt das würzige Kraut zu deftigen Bohnen- und Erbsensuppen, in Kartoffeleintöpfe, zu Hackfleisch, Saucen und Fleisch. Das Aroma entfaltet sich am besten beim Mitkochen. Ganz zarte junge Blätter können auch roh in kleinen Mengen an Salatsaucen gegeben werden. Wenig bekannt ist, dass auch die Samen verwendet werden können, zum Beispiel für Brot und Backwaren (sparsam) und zum Einmachen von Essiggemüse und Pilzen.

Der recht anspruchslose Liebstöckel gedeiht am besten in tiefgründigen, nährstoffreichen Böden in der Sonne und im Halbschatten. Eine Pflanze genügt in der Regel. Gut mit Kompost versorgen.

Vorsicht!: In der Schwangerschaft sollte Liebstöckel nicht verwendet werden.

Lorbeer
Laurus nobilis

Lorbeer

Laurus nobilis

Lorbeer ist eine immergrüne, bis zu zwei Meter hoch werdende Kübelpflanze mit aromatischen dunkelgrünen Blättern. Sie kann sehr alt werden. Die antiseptische aromatische Pflanze gilt als appetitanregend und magenstärkend. Die Blätter schmecken würzig und etwas bitter – die Bitterkeit verliert sich jedoch beim Trocknen. Auch die Beeren eignen sich als Gewürz, zum Beispiel für Wildgerichte. Wie früher wird Lorbeer auch heute noch als gesundes, verdauungsförderndes Gewürz zu Braten und Saucen, Sauerkraut, Rotkohl und zu Pasteten verwendet und zum Einmachen von Kürbis, Rote Bete und Gurken. Die attraktive Kübelpflanze sollte einen sonnigen, windgeschützten Platz erhalten. Sie benötigt eine nährstoffreiche Erdmischung; im Frühjahr und im Sommer kann zusätzlich eine dünne Schicht Hornspäne auf die Oberfläche gegeben werden. Lorbeer sollte kühl und frostfrei überwintert werden. Es ist günstig, die Pflanze erst bei Minusgraden ins Haus zu holen, keinesfalls zu früh. Durch einen kühlen Überwinterungsort wird die Anfälligkeit für Schildläuse verringert.

Majoran

Origanum majorana

Das mehrjährige, bei uns nicht winterharte Würzkraut mit dem parfümartigen, lieblichblumigen Aroma stammt aus Indien. Die Ägypter, Griechen und Römer kannten Majoran schon im Altertum. Zu uns gelangte er erst im 16. Jahrhundert. Das Kraut wird 15 bis 30 Zentimeter hoch und hat kleine graufilzige, eiförmige Blättchen. Die kugeligen weißen oder rosa Blüten erscheinen im August/September; dann ist das Aroma besonders intensiv. Majoran wirkt blähungstreibend, erwärmend und entgiftend. In der Antike glaubte man, dass er die Manneskraft stärke. Leider ist das Lieblingskraut der Aphrodite bei uns zum derben Wurstkraut herabgesunken, das hauptsächlich getrocknet verwendet wird. Viel feiner ist jedoch der Geschmack des frischen Krauts!

Majoran passt gut zu allen deftigen Gerichten, wie Erbsensuppe, Gänsebraten und Gänseschmalz, denn er macht fette Gerichte bekömmlicher. Das ganze Kraut mitsamt den Stängeln kann mitgekocht werden. Die frischen Blättchen würzen Eier, Fisch, Käse und Kartoffeln. Majoran passt in Gewürzmischungen zu Basilikum, Beifuß, Thymian, Rosmarin und Oregano. Er benötigt einen warmen und sonnigen Standort und kalk-

Majoran
Origanum majorana

haltige, nährstoffreiche, aber durchlässige Erde, die trocken gehalten werden soll. Aussaat im März im Haus, ab Mai auch Direktsaat. Nur dünn mit Erde bedecken, die Keimzeit beträgt drei Wochen. Majoran behält auch getrocknet jahrelang seine Würzkraft. Im Garten sollte jedes Jahr ein Platzwechsel stattfinden, da er – wie auch Petersilie – mit sich selbst unverträglich ist. Wächst gut im Topf. Eine winterfeste Kreuzung zwischen Majoran und Oregano ist *Origanum* x *majoricum*, der Sizilianische Oregano.

Meerrettich
Armoracia rusticana

Meerrettich
Armoracia rusticana
Die robuste Pflanze fällt auf durch große, ovale bis zu einem Meter lange, am Rand gezähnte Blätter. Im zweiten Jahr bildet sich von Mai bis Juli der bis zu 1,20 hohe Blütenstängel mit einer lockeren Traube weißer, duftender Blüten.

In der Klostermedizin wurde Meerrettich bei Infektionen geschätzt. Seit Jahrhunderten wird die scharfe Wurzel kultiviert. Die ausdauernde, winterharte Pflanze ist seit der Antike bekannt. Ein Beweis findet sich auf einem Wandgemälde in Pompeji, auf dem eine Meerrettichpflanze abgebildet ist. In Catos Werk „De agricultura“, das um 150 v. Chr. entstand, beschreibt der römische Feldherr den Anbau. Dort finden sich auch Angaben über den ebenso heilkräftigen Sellerie. Die Römer liebten besonders würzige und vielseitige Zutaten für ihre Tafelgenüsse.

Seit dem Mittelalter ist der „Bauernsenf“, der in den Alpenländern „Kren“ genannt wird, bei uns bekannt. Das Wort „Kren“ stammt aus dem Altslavischen und bedeutet so viel wie „weinen“. Seine Heimat ist vermutlich Ostrussland und die Ukraine. Inzwischen ist Meerrettich in vielen Gebieten Europas verwildert.

Für den Anbau eignen sich tiefgründige lehmige Böden. Die Pfahlwurzel kann eine Länge bis zu 40 Zentimetern erreichen, mit gut vier Zentimetern Durchmesser. Die verzweigten mehrköpfigen Wurzeln machen lange Ausläufer. Deshalb ist es wichtig diese ausbreitungsstarke Pflanze an einen Platz zu setzen, an dem sie andere Pflanzen nicht stört oder verdrängt. Die Vermehrung erfolgt durch Wurzelstücke, auch „Fechser“ genannt. Sie werden fast waagerecht eingepflanzt. Dafür lassen sich auch die zur Einmachzeit im Supermarkt angebotenen Meerrettichwurzeln nutzen. Im Erwerbsbau wird Meerrettich nur einjährig gezogen, weil ältere Bestände stark verholzen.

Dekorativer als der „normale“ Meerrettich ist die buntblättrige Sorte 'Variegata' mit lebhafter weiß-grüner Zeichnung. Nicht wundern, wenn im ersten Jahr die Blätter noch einheitlich grün sind. Die attraktive Färbung zeigt sich erst im zweiten Jahr. Die Ernte beginnt im Herbst, wenn die Blätter absterben. Meerrettich lässt sich bis zu vier Wochen im Gemüsefach des Kühlschranks lagern. Oder in Erde oder feuchtem Sand im Keller über den Winter bringen.

In alten Bauerngärten wächst der Meerrettich oft verwildert unter Apfelbäumen, um den Baum gesund zu halten. Heute weiß man, dass die Inhaltsstoffe Allicin und Sinigrin die Keimung und das Wachstum von Pilzen hemmen. Diese Eigenschaften des „Penicillins aus dem Garten“ sind auch für den Menschen nützlich. Die Inhaltsstoffe – die auch im Knoblauch vorkommen – wirken bei bakteriellen Harnwegsinfektionen und bei Candida-Pilzbefall keimhemmend. Auch eine Wirkung auf Grippeerreger konnte festgestellt werden, wie Untersuchungen an der Universität in Gießen zeigen. Meerrettich kommt so einem Breitbandantibiotikum gleich – für die Medizin der Zukunft im Zusammenhang mit immer mehr resistenten Keimen eine Hoffnung.

Die magische Wurzel hilft uns gut durch den Winter. Schon zwei Teelöffel frisch geriebener Meerrettich pro Tag reichen zur Immunstimulierung aus. Mit Honig vermischt wirkt er hustenstillend. Außerdem ist eine positive Wirkung bei Sinusitis und Bronchitis bekannt. Auch bei Heuschnupfen wird er in der Volksmedizin empfohlen. Wegen der keimhemmenden Wirkung wurden die Blätter des Meerrettichs früher oben auf die Sauerkrautfässer gelegt. Die Beigabe von Meerrettichstückchen zu eingelegten Gurken hat einen ähnlichen konservierenden Effekt.

Meerrettich senkt den Blutdruck, regt Herz und Kreislauf an, wirkt appetitanregend und fördert die Verdauung fetter Speisen. Wegen des hohen Vitamin-C-Gehalts wird er im Süden Deutschlands auch „Bayerische Zitrone“ genannt. Er war beliebt bei den Seefahrern, die sich so vor Skorbut schützten. Frische Blätter können für Kompressen bei

Ischiasbeschwerden, Rheuma und Gicht verwendet werden.
Zu den Inhaltsstoffen zählen B-Vitamine, ein hoher Kaliumgehalt, der Herz und Nerven stärkt, Magnesium und Eisen. Die ätherischen Öle sind für die Schärfe verantwortlich. Schon das Einatmen der scharf-beißenden Senföle bei der Verarbeitung hat eine heilsame Wirkung auf Erkältungssymptome – so kann man besser durchatmen und der Kopf wird wieder frei. Nur wer den Meerrettich ganz frisch verwendet, wird das nussähnliche Aroma herausschmecken.
Eine Meerrettichsauce gehört zu gekochtem Rindfleisch und ist unverzichtbar zu dem beliebten Klassiker Tafelspitz. Mit dem Gemüseschäler lassen sich leicht Späne abhobeln, die einen pikanten Akzent zu einer mit Balsamico abgeschmeckten Rote-Bete-Suppe oder zu einem Rote-Bete-Carpaccio setzen. Meerrettich passt zu geräucherter Forelle und zu Lachs, zu Sellerie- und Fischsalaten, als Würze ins Kartoffel- oder Selleriepüree und zu Frischkäse. Im Frühjahr können junge Blätter in Kräutersaucen und -suppen verwendet werden. Übrigens: Auch der Meerrettich aus dem Glas, ganz frisch abgefüllt und nicht thermisch behandelt, hat die gleichen guten Eigenschaften. Der japanische Wasabi wird aus dem grünen Verwandten des Meerrettichs hergestellt und kann ähnlich verwendet werden.
Vorsicht!: Bei akuten Magengeschwüren, Nierenleiden und Schildrüsen-Fehlfunktionen wird vom Genuss abgeraten, auch bei Schwangerschaft.

Minze
Mentha

Die Abbildung zeigt die Minzensorte *Mentha x piperita.*

Minze

Mentha

Die Minzen mit ihren verwirrenden Verwandtschaftsverhältnissen sind überall auf der Welt beliebt und werden seit Jahrtausenden in Küche und Medizin genutzt. Sie kreuzen sich leicht untereinander und bilden dabei Hybriden, was ihre Klassifizierung schwierig macht. Schon die altbekannte Pfefferminze *Mentha x piperita* ist eine Hybride und keine selbstständige Art! Die Wasserminze *Mentha aquatica* und die Ackerminze *Mentha arvensis* sind in Europa wildwachsende Minzearten. Die heilkräftigeren Edelminzen jedoch wachsen nur in Kultur. Sie sind uns wie viele andere Kräuter von den Römern gebracht worden. Griechen und Römer nutzten ihre antiseptischen Eigenschaften und gebrauchten sie zum Abreiben der Tafel und für erfrischende Bäder. Die Römer bereiteten auch Minzsaucen zu und kauten die Blätter wegen des frischen Atems. Dafür ist die Minze ja noch heute beliebt: Sie gibt Zahnpasten und Mundwässern den frischen, kühlenden Geschmack, und vom Zahnarzt werden mentholhaltige Kaugummis (Spearmint) ohne Zuckerzusatz zur Mundpflege empfohlen.

Minzgeschmack ist aber auch beliebt in Schokolade, Bonbons, Konfekt und für Liköre, Gelees und Saucen. Die Araber trinken Pfefferminze kombiniert mit grünem Tee, ganz heiß und sehr süß! In ihren Basaren hängt die Minze außerdem büschelweise zur Abwehr von Insekten. Schon im Mittelalter wurde sie als Streukraut genutzt, Mäuse und

Ratten mögen den auf uns belebend wirkenden Duft nämlich gar nicht.
Ein Pfefferminztee wirkt stimulierend, krampflösend, galletreibend und nervenberuhigend. Neben Gerb- und Bitterstoffen ist der wichtigste Inhaltsstoff das leicht betäubend wirkende Menthol. Kleinkinder und Säuglinge sollten aber keinen Pfefferminztee trinken, sie könnten auf Menthol mit Erstickungsanfällen reagieren! Der Tee darf nicht täglich getrunken werden, da bei regelmäßigem Gebrauch die Magenschleimhaut gereizt wird. Frische Triebspitzen für Cocktails, Desserts und Salate in kleinen Mengen jedoch können ruhig häufiger verwendet werden. An heißen Sommertagen beispielsweise sind einige Minzeblättchen eine erfrischende Begleitung von Melonenachteln mit Parmaschinken. Mit einem kühlen Glas Weißwein entsteht so ein leichter Abendimbiss oder eine Vorspeise auch für Gäste. Im Sommer wirkt ein eisgekühlter Tee aus frischer Pfefferminze (Kräutertees aus frischen Kräutern schmecken immer aromatischer als die aus getrockneten!) erfrischend und kühlend.
Aus der vielfältigen Minzfamilie eignet sich besonders die Apfelminze *Mentha rotundifolia* 'Bowles' mit ihrem milden Aroma und den schönen lavendelfarbigen Blüten zum Aromatisieren von Speisen in der Küche. Sie ist allerdings sehr eroberungswütig und treibt lange Ausläufer. Die Apfelminze hat trotz ihres Namens kein Apfelaroma, wie auch die Ananasminze *Mentha suaveolens* 'Variegata' nicht nach Ananas schmeckt. Dafür ist diese

Minze mit den weißgerandeten Blättern im Garten vielseitig zu verwenden, da sie sehr kompakt wächst. Schön ist sie als anschmiegsame Unterpflanzung von Buchskugeln, auch im Kräutergarten bildet sie einen zierenden Abschluss. Die Ingwerminze *Mentha* x *gentilis* 'Variegata' hat zwar ein fruchtiges Aroma, das aber leider nicht viel mit Ingwer zu tun hat. In der Küche kann man sie wegen ihres milden Aromas gut verwenden. Mit ihren gelbgefleckten Blättern ist sie im Kräutergarten eine schöne Ergänzung. Sie und auch alle anderen panaschierten Minzen wuchern nicht ganz so stark wie ihre ungebärdige Verwandtschaft.

Im Staudenbeet lassen sich mit ihren farbigen Blättern schöne Kombinationen gestalten: Sie passen zu weiß- oder gelbrandigen Hostaarten, zu Glockenblumen, Eisenhut und anderen Stauden, die gerne im Halbschatten stehen. Minzen mögen einen feuchten und halbschattigen Platz und einen Standortwechsel alle zwei bis drei Jahre. Wenn sie sich nicht zu stark ausbreiten sollen, empfiehlt es sich, ihre Möglichkeiten durch eingegrabene Gefäße ohne Boden zu begrenzen. Natürlich können die Ausläufer ab und zu auch einfach ausgerissen werden! Das verhindert zudem, dass die Minze zu eng steht, denn dann wird sie rostanfällig.

In einem größeren Garten mit halbschattigen Partien könnten Sie viele interessante Vertreter der großen Minzefamilie ausprobieren. Die Englische Grüne Minze *Mentha spicata* etwa, auch als Spearmint bekannt, ist hocharomatisch. Sie ist die ideale Minze für die original englische Minzsauce zu Lammfleisch und für Minzgelee. Die Türkische Minze *Mentha spicata* var. *crispa* (es gibt verschiedene Varianten der sogenannten Krauseminze) wird häufig in der türkischen Küche verwendet. Ihre stark gekrausten Blätter haben einen fruchtigen, leicht an Kümmel erinnernden Geschmack. Wenig Menthol hingegen weisen einige aromatische Minzen mit besonderen Duftnoten auf. Sie können auch die Lavendelminze, die vitalen Limonen- und Orangenminzen *Mentha* x *piperita* var. *citrata* und die Grapefruitminze *Mentha suaveolens* x *piperita* testen. Mehr oder weniger passen hier Duft und Aroma wirklich zum Namen. In einem Minzenweg finden alle diese und noch viele mehr Platz. Geht man ihn entlang, ist es ein besonderes Vergnügen, ab und zu mit der Hand durch die Blätter zu streichen, um die aromatischen Düfte zu genießen! Die lavendelfarbenen Ährenblüten sind schön in einem Strauß, und überzählige Ausläufer kann man einfach für einen Tee verwenden.

Oregano

Origanum vulgare

Oregano ist eng verwandt mit dem echten Majoran. Die aromatische winterharte Staude stammt aus Südeuropa und wird je nach Sorte 15 bis 50 Zentimeter hoch. Geschmack und Aroma sind nicht fein, sondern eher pikant-aromatisch und erinnern an Thymian und Majoran mit einem Hauch von Minze. Das beliebte Pizzagewürz aus dem eigenen Garten ist nicht so aromatisch

Oregano
Origanum vulgare

wie Oregano in mediterranen Ländern; dazu fehlt ihm hier die Wärme. Das südliche Kraut wirkt verdauungsfördernd, krampf- und schleimlösend und hilft bei Leber- und Milzbeschwerden. Es gilt als beruhigend und nervenstärkend. Oregano passt zu Fisch, Fleisch, in Suppen und Eintöpfe, zu Tomatensaucen, Zucchini, Erbsen, Ratatouille, Bratkartoffeln, Salat, Eiern und zu Gerichten mit überbackenem Käse. Erst beim Mitkochen entfaltet sich das volle Aroma; junge Blättchen schmecken aber auch frisch, zum Beispiel im Tomatensalat, gut. Die blühenden Triebspitzen können ebenfalls verwendet werden. Oregano bleibt auch getrocknet noch aromatisch. Wie Majoran braucht er einen besonders sonnigen und warmen Platz sowie trockenen, kalkhaltigen Boden. Die robuste und pflegeleichte Pflanze vermehrt sich durch Wurzelausläufer und sät sich leicht selbst aus. Nicht düngen. Ein schöner goldfarbener, niedrig bleibender Bodendecker ist *Origanum vulgare* 'Aureum' mit rosalila Blüten von Juli bis September. Das blühende Kraut ist äußerst beliebt bei Schmetterlingen.

Petersilie
Petroselinum crispum

Petersilie

Petroselinum crispum

Das vermutlich aus Südeuropa stammende Kraut wird 25 bis 30 Zentimeter hoch, hat dicht gekrauste oder glatt-gefiederte Blätter. Die Inhaltsstoffe sind beachtlich. Petersilie hat mehr Eisen als Spinat, mehr Vitamin C als Orangen (30 Gramm des Krauts decken den Tagesbedarf von 75 Milligramm), sie enthält Karotin, Folsäure, Vitamin B und E, Kalzium, Magnesium und Jod. Sie wirkt stoffwechselanregend, entwässernd und schleimlösend. Ihre Blätter reinigen den Atem, zum Beispiel nach dem Genuss von Knoblauch. Petersilie gehört nicht nur zu den altbekannten, leckeren Petersilienkartoffeln. Ihr herb-würziger Geschmack passt auch zu vielen Suppen, Saucen und zu Kräuterbutter, besonders gut zu Fisch in Verbindung mit Knoblauch. Beliebt sind auch die französische Persillade und die italienische Gremolata (siehe Seite 140). Petersilie gehört ins klassische Bouquet garni, das besonders in Frankreich Eintöpfe, Braten und Suppen würzt. Es enthält außerdem in der Regel einen Thymianzweig und ein Lorbeerblatt, manchmal auch ein Stück Orangen- oder Zitronenschale. Petersilie lässt sich gut einfrieren. Auch die Stängel sind noch zu verwerten. Sie geben Suppen und Saucen Geschmack und können mitgekocht werden. Ansonsten das Kraut jedoch erst kurz vor dem Servieren den Speisen zufügen.

Petersilie braucht im Garten einen sonnigen Standort, toleriert jedoch auch Halbschatten. Am besten gedeiht sie in nährstoffreicher, aber durchlässiger Erde. Die heikle Petersilie kann zwar schon ab März ausgesät werden, im Frühjahr ist jedoch der Boden noch kalt, und sie braucht dann sehr lange bis zum Keimen (fünf bis sechs Wochen!). Es ist weitaus günstiger, wenn als Aussaattermin Mitte bis Ende August gewählt wird. Der Boden ist dann wärmer und die Keimdauer reduziert sich auf zwei bis drei Wochen. Der

Die nützliche krause Petersilie und das „nur“ dekorative Löwenmäulchen in einem schönen Ensemble vereint. Diese Petersilie ist nicht so würzig wie die glatte (siehe links).

Samen sollte möglichst frisch sein. Schon nach zwei Jahren verliert er die Keimkraft. Am geschützten Platz kann das zweijährige Küchenkraut auch im Winter geerntet werden. Häufiges Schneiden fördert das Blattwachstum. Im zweiten Jahr liegt die Haupternte vor der gelblich-grünen unscheinbaren Blüte, danach werden die Blätter hart. Genauso wichtig wie der Aussaattermin ist jedoch auch der regelmäßige Platzwechsel. Wenn Petersilie nicht bei jeder Aussaat einen neuen Platz erhält, zeigen sich gelbe und rote Verfärbungen, die durch Nematoden hervorgerufen werden, und sie kümmert.

Pimpinelle
Sanguisorba minor

Pimpinelle
Sanguisorba minor
Die Pimpinelle, früher als Bibernelle oder Pimpernell bezeichnet, ist eine mehrjährige zierliche Staude mit der besonders wertvollen Eigenschaft, immergrün zu sein und auch im Winter als Würzkraut zur Verfügung zu stehen. Sie wird 30 bis 40 Zentimeter hoch und hat ovale, gefiederte Blätter mit gezähntem Rand und kugelige rote Blüten an langen Stängeln von Juni bis August. Die entzündungshemmenden und adstringierenden Inhaltsstoffe helfen bei Durchfall und Darmstörungen. Bei leichten Verdauungsproblemen hilft manchmal schon eine leckere Pimpinellensuppe. Das Kraut regt außerdem die Gallen-, Leber- und Nierentätigkeit an.
Pimpinelle schmeckt frisch-würzig nach Gurken und Nüssen. Sie passt zu Eiern,

Lachs, zu Quark und Mayonnaise, Gurken- und Tomatensalat, zu Suppen und Saucen und in kalte Getränke. Nur junge, zarte Blätter frisch verwenden. Pimpinelle gehört zu der im Frühling sehr beliebten Frankfurter Grünen Sauce und macht eine Kräuterbuttermischung besonders würzig.
Der Standort im Garten kann sonnig bis halbschattig sein. Sie wächst gut auf kalkreichen Lehmböden. Die Aussaat kann im März und April erfolgen. Die Blüten sollten entfernt werden, und es ist ratsam, reichlich zu ernten, damit immer junge Blätter nachwachsen.

Rosmarin

Rosmarinus officinalis

„Rosmarinus" heißt „Tau des Meeres" – ein Name, der daher rührt, dass die Pflanze in den Mittelmeerländern oft in Küstennähe wächst. Früher galt Rosmarin als Symbol der Freundschaft, Liebe und Treue: In Süddeutschland etwa schmückte sich die Braut am Tage der Hochzeit mit einem Rosmarinkranz. In der Antike trugen Studenten beim Examen Rosmarinkränze, da die Pflanze als Stärkungsmittel für Gehirn und Gedächtnis galt. Das stark duftende Kraut diente außerdem als Ersatz für Weihrauch und wurde bei Infektionskrankheiten im Krankenzimmer verbrannt. Die Römer brachten auch diese Pflanze über die Alpen, da sie sie als Würzmittel sehr schätzten. Rosmarin gehörte daher zu den Kräutern, die schon 812 im Capitulare Karls des Großen aufgeführt waren.
Der immergrüne, aromatische Strauch der

Rosmarin
Rosmarinus officinalis

Neben dem großen Topf mit dem hellblaublühenden Rosmarin steht ein kleiner Topf mit Traubenhyazinthen und dahinter gelbblühende kleine Narzissen.

Mittelmeerländer wächst bei uns in der Regel besser im Topf als im Garten ausgepflanzt. Die aufrecht und manchmal bizarr wachsenden Sträucher werden bis zu einen Meter hoch. Die nadelähnlichen, hocharomatischen grünen Blätter sind auf der Unterseite filzig behaart. Die schönen Blüten in Blau, Rosa und Weiß erscheinen von März bis Mai, es gibt aber auch Sorten, die erst im Spätsommer und im Herbst blühen. Im Topf sollte man Rosmarin in einem Sand-Erdgemisch mit etwas Algenkalk an einem möglichst sonnigen Platz wachsen lassen. Im Sommer lässt er sich leicht durch Stecklinge und Absenker vermehren.

Das Überwintern bereitet manchmal Probleme: Er darf nicht zu warm stehen und braucht feuchte Luft. Wenn es draußen nicht kälter als zwei bis drei Grad minus ist, steht er besser vor der Tür als im Haus. Bei starken Frösten wird er dann kurzzeitig hereingeholt und an einen kühlen hellen Platz gestellt. Inzwischen gibt es aber auch Züchtungen, deren Winterfestigkeit verbessert wurde. Dazu gehören 'Arp', 'Salem' und 'Veitshöchheim'. Sie vertragen auch härtere Frostgrade.

Pfarrer Kneipp lobte den Rosmarin als bestes Kraut für das Alter. Er gilt als Tonicum zur Anregung des Kreislaufs, als Verdauungsmittel und wirkt auch bei Kopfschmerzen entkrampfend. Zudem wird er bei Rheuma, Gicht und niedrigem Blutdruck besonders empfohlen. Ein Rosmarinbad und ein Rosmarin-Minze-Tee am Morgen wirken sehr belebend. Wegen der durchblutungsfördernden Wirkung sollte in der Schwangerschaft kein Rosmarintee getrunken werden! Rosmarin ist ein wunderbares Gewürz. Es darf jedoch nicht zu hoch dosiert werden: Im ätherischen Öl finden sich kampferartige Stoffe, Harze, Gerb- und Bitterstoffe, die dazu führen, dass eine zu große Menge die Speisen nach Medizin schmecken lässt. Benutzt man ihn frisch, darf man mit den hocharomatischen Nadeln jedoch etwas großzügiger sein. Es lohnt nicht, ihn zu trocknen, denn er ist jederzeit auch im Winter zu ernten. Außerdem hat er frisch ein viel angenehmeres Aroma. Das südliche Würzkraut passt gut zu Lamm, aber auch zu anderen Fleischgerichten, zu Kaninchen, Fisch und Pilzen. Mit Wein, Thymian und Knoblauch bringt er Mittelmeeratmosphäre in die Küche. Sogar einfache Bratkartoffeln duften mit Rosmarin gewürzt wie im Süden! Seit alters nutzt man ihn auch zum Würzen von Süßspeisen, für Gelees, Marmeladen, Plätzchen und Kuchen. Die Rosmarinblüten variieren je nach Sorte von Hell- bis Dunkelblau. Im Topfgarten gruppiert man Rosmarin gut mit den anderen mediterranen Kräutern wie Thymian, Lavendel und Salbei zusammen. Für sie sollte der sonnigste Platz auf der Terrasse reserviert sein!

Salbei

Salvia officinalis

Der hocharomatische, immergrüne Halbstrauch wächst in den Mittelmeerländern wild auf trockenen, kalkhaltigen Felshängen. Mit seinen graufilzigen, länglichen Blät-

Salbei
Salvia officinalis

tern und den üppigen violetten Blütenähren, die ihn von Juni bis August schmücken, ist er ein auffallender Strauch im Kräutergarten. Er wird bis zu 70 Zentimeter hoch und wächst breit ausladend. Es gibt viele Salbeivarietäten, die für die Küche und für den Garten gleichermaßen nützlich und schön sind. Eine breitblättrige Form des „normalen“ Salbeis ist der *Salvia officinalis* 'Berggarten', der im Kräuterbeet mit seinen weichfilzigen, großen Blättern sehr dekorativ wirkt. Die attraktiven buntlaubigen Salbeisorten sind leider nicht immer ganz winterhart. Dafür lassen 'Ictarine' mit gelbgefleckten, 'Purpurascens' mit purpurroten und 'Tricolor' mit weißbunten Blättern aber viele Kombinationsmöglichkeiten mit anderen Kräutern, Stauden und Rosen zu, die immer raffiniert aussehen. Auch die Blätter dieser Zierformen sind in der Küche verwendbar, ihr Aroma ist allerdings schwächer. Der rosablühende Salbei 'Rosea' hat kleinere Blätter und ein süßeres Aroma. Die weißblühende Sorte 'Albiflora' ist besonders dekorativ. Die verschiedenen Sorten lassen sich auch gut in Gruppen zusammenpflanzen, die dann in Blattform, Blütenfarbe und Höhe variieren. Besonders schön blüht der Spanische Salbei *Salvia lavandulifolia*, der kleinere und schmalere Blätter hat. Alle genannten Salbeiarten und -sorten sind küchengeeignet. Unser einheimischer Wiesensalbei *Salvia pratensis* wird hingegen in Küche und Medizin nicht genutzt, da sein Gehalt an ätherischen Ölen zu gering ist.

Im Garten erhält Salbei wie alle mediterra-

nen Kräuter einen sonnigen, trockenen Platz. In kalten Gegenden ist zudem ein leichter Winterschutz ratsam. Alle drei bis vier Jahre sollte Salbei neu gepflanzt werden, denn er erfriert leicht, wenn er zu stark verholzt ist. Die Pflanze wird erst im Frühjahr zurückgeschnitten, wenn sich die ersten frischen Austriebe zeigen. Nachwuchs ist leicht durch Kopfstecklinge oder Absenker, die sich oftmals von alleine bilden, zu beschaffen. Die Salbeiauswahl ist aber mit den verschiedenen Varianten von *Salvia officinalis* noch nicht erschöpft.
Der dekorative zweijährige Muskatellersalbei *Salvia sclarea* wird bis zu anderthalb Meter hoch und stammt aus Südeuropa und Syrien. Seine schillernden Blüten, die zwischen rosa und hellblau changieren, sind auch nach dem Verblühen noch schön. Im Mittelalter wurde dieser Salbei zum Aromatisieren von Wein genutzt, der dann das begehrte Muskateller-Aroma erhielt. Die exotische Verwandtschaft aus Übersee mit wunderbar delikaten Aromen ist bei uns leider nicht winterhart. *Salvia rutilans*, der wüchsige, bis zu zwei Meter hoch werdende Ananassalbei, der wirklich ganz köstlich nach Ananas duftet, kann aber auch in kühlen Sommern im Topf draußen stehen oder auch im Garten ausgepflanzt werden. Nur den Winter muss er kühl und hell im Haus oder im frostfreien Wintergarten verbringen. Dort kann man dann auch seine karminroten Blüten bewundern, denn er blüht erst im Oktober/November, wenn es draußen schon längst zu kalt für ihn ist. Der Duft des

Honigmelonensalbeis *Salvia elegans* erinnert an reife Honigmelonen. Die Pflanze ist in allen Teilen kleiner und blüht schon im Sommer leuchtendrot. Große, herzförmige, weiche Blätter, fast wie bei einer Zimmerlinde, hat der tropische Fruchtsalbei *Salvia dorisiana*, der intensiv fruchtig nach Guaven duftet. Dieser Salbei erreicht eine Höhe von 1,80 Meter und ist als Topfpflanze sehr eindrucksvoll. Die rosa Blüten entwickeln sich nur bei viel Licht und Wärme im Winter. Die Blätter dieser drei exotischen Salbeiarten können für Tees und zum Aromatisieren von Getränken, Fruchtsirupen und Desserts verwendet werden. Sie alle brauchen viel Wasser und möchten lieber etwas halbschattig stehen. Sie werden im Frühjahr zurückgeschnitten, damit sie schön buschig wachsen. Auch während des Sommers sollten ruhig öfter die Triebspitzen gekappt werden. Sie lassen sich sehr leicht bewurzeln, indem sie einfach in einen Topf mit feuchter Erde gesteckt werden. So hat man immer Jungpflanzen zur Hand – auch ein schönes Geschenk! „Warum soll jemand sterben, der Salbei in seinem Garten hat", sagt ein altes Sprichwort; und die Wertschätzung, die schon die Griechen und Römer dem Heilkraut entgegenbrachten, spiegelt sich im Namen, der von „salvere", heilen, stammt. Dementsprechend vielfältig sind seine Wirkungen: Die astringierende Eigenschaft des Salbeis wird im Gurgelmittel gegen Entzündungen im Mund- und Rachenraum genutzt. Salbei wird für Hustenbonbons und Zahnpasta verwendet (früher ersetzte ein Salbeiblatt auch

schon mal die Zahnbürste) und als Tonicum für die Nerven. Salbeitee ist gut für den Kreislauf, er regelt die Menstruation, hemmt nächtliche Schweißausbrüche und beeinflusst Magen und Darm durch die Gerb- und Bitterstoffe günstig.
Auch kulinarisch ist Salbei ein Gewinn. Das würzig-bittere, leicht kampferartige Aroma wird besonders in der italienischen Küche geschätzt. Salbei gehört unverzichtbar zum „Saltimbocca", dem berühmten Kalbsschnitzel, das mit geräuchertem Schinken und einem aufgesteckten Salbeiblatt gebraten wird, und zur Salbeibutter, die leicht gebräunt zu selbstgemachten Ravioli oder Gnocchi gereicht wird. Eine Hackfleischsauce zu Spaghetti erhält durch die Zugabe von feingeschnittenen Salbeiblättern einen interessanten Geschmack. Mit kräftigen Fleischgerichten harmoniert sein Aroma am besten. Salbei wirkt verdauungsfördernd und passt gut zu fettem Schweinefleisch, Aal, Schinken und zu Hülsenfrüchten. Auch ein bekannter englischer Käse, der Sage Derby, wird mit Salbei gewürzt.
Salbeiblätter können auch im Winter geerntet werden. Es sollten aber nur die Triebspitzen genutzt werden, ältere Blätter schmecken zu sehr nach Medizin. Kurz vor der Blüte ist die Konzentration der Inhaltsstoffe im Salbei am höchsten, dann sollte er zum Trocknen gepflückt werden. Auch die schönen lilafarbenen Blüten, die milder schmecken als die Blätter, können zum Würzen von Käse und Salaten verwendet werden. Appetitanregend wirkt beispielsweise ein Sal-

beikäse, der mit Blättern der Pflanze und mit blühenden Triebspitzen garniert wird. Und wenn Sie alle Varianten der fruchtigen Salbeiarten besitzen, durchdringen die Düfte eines exotischen Obstsortiments den ganzen Sommer lang Haus und Garten.

Sauerampfer
Rumex rugosus (Abb. Rumex acetosella)

Sauerampfer

Rumex rugosus

Sauerampfer wächst auf feuchten und lehmigen Wiesen. Er hat wassertreibende und kühlende Eigenschaften und enthält viel Vitamin C. Man braucht das erfrischend säuerliche Kraut jedoch nicht auf Wiesen zu sammeln, es wächst auch im Garten. Die Blätter des Gartensauerampfers sind größer und dadurch auch ergiebiger. Die Sorte 'Profusion' bleibt den ganzen Sommer über zart und saftig. Das liegt wohl daran, dass sie nicht blüht. Die rötlich-grünen Blütenstände im Juni/Juli sollten bei den anderen Sorten regelmäßig entfernt werden. Der Schildampfer *Rumex scuatus*, auch Römischer Ampfer genannt, hat kleine schildförmige, leicht sukkulente grüne oder silbrige Blätter mit zitronensaurem Aroma. Besonders auffällig ist *Rumex sanguineus* var. *sanguineus* mit schönen rot geäderten Blättern. Die Blätter sind jedoch fester als bei den anderen Sauerampferarten, außerdem fehlt ihm die angenehme Säure.

Der berühmten Frankfurter Grünen Sauce, die schon Goethe gerne aß, gibt Sauerampfer den erfrischend säuerlichen Geschmack. Gut schmeckt auch eine Sauerampfersauce zu Fisch. Einige fein geschnittene Blätter passen zu Salat, Kräuterquark und besonders gut zu pikanten gefüllten Eiern. Sauerampfer wächst in feuchtem, humosem Boden in der Sonne und auch im Schatten. Er wird im Frühjahr als Jungpflanze gekauft oder ausgesät.

Vorsicht!: Wegen des Oxalsäuregehaltes sollte Sauerampfer nicht regelmäßig verzehrt werden. Bei Rheuma, Gicht, Asthma und Lungenbeschwerden besser ganz auf den Genuss verzichten.

Schnittlauch

Allium schoenoprasum

Schnittlauch wird fast überall intensiv kultiviert und gehört in der deutschen Küche zu den Universalgewürzen. Er liebt kalkhaltige, nährstoffreiche Böden und gedeiht auch im Halbschatten. Die zarten grünen, röhrenförmigen Blätter schmecken würzig-zwiebelig. Die kugeligen Schnittlauchblüten sind eine dekorative Zierde des bekannten Küchenkrauts. Die Selektion 'Forescate' hat intensiv rosaviolette Blüten; bei den übrigen Sorten sind sie rosa. Man sollte den Schnittlauch entgegen der landläufigen Meinung ruhig blühen lassen, um in den vollen Genuss dieser Gartenschönheiten zu kommen; an einer etwas versteckten Stelle kann man andere Schnittlauchstauden zum Schnitt „freigeben". Nach der Blüte wird er dicht über dem Boden abgeschnitten und treibt dann frisch wieder durch. Die Blüten schmecken milder als die Röhren; ganz oder ausgezupft würzen und dekorieren sie Salate, Kräuterbutter und Käsebrote. Schnittlauch-

Schnittlauch
Allium schoenoprasum

blüten passen in jedes Blumenbeet – sogar zu Rosen. Versuchen Sie mal eine Kombination mit blauen Stiefmütterchen und goldenem Oregano. Ein schönes und zugleich essbares Trio!

Shiso/Schwarznessel
Perilla frutescens

Shiso/Schwarznessel
Perilla frutescens
Die kulinarische Entdeckung des fernöstlichen Gewürzes Shiso für Sushi und Tempura ist in Europa noch verhältnismäßig neu. Shiso erobert unsere Märkte im Keimlingsstadium wie Kresse und wird auch von den Händlern fälschlicherweise „Rote Kresse" genannt. Dieser Irrtum ist verständlich, können doch geschmackliche Ähnlichkeiten nicht geleugnet werden. Aber verwandt ist Shiso nicht mit Kresse, sondern mit dem Basilikum *Ocimum basilicum* (früher *Ocimum frutescens*). Duft und Aroma von Shiso sind jedoch schwächer als beim Basilikum, die Blättchen schmecken etwas säuerlich und exotisch.
Die aromatische einjährige Pflanze, die aus Indien und China stammt, wurde durch die in den 1970er Jahren eingewanderten Vietnamesen auf unsere Lebensmittelmärkte gebracht. Zu Anfang noch „Tia to" genannt, wurde die Neuheit vorsichtig als Tee und im Salat probiert. In Japan wird die alte Kultursorte 'Nankinensis' zum Aromatisieren von Fisch, Tempura und Bohnenpaste sowie zum Einlegen von verschiedenen Früchten in Salzlake (Umeboshi) verwendet, und eingelegter Ingwer wird durch Shiso rot gefärbt. Schon Anfang des 20. Jahrhunderts stand die

Schwarznessel bei uns – allerdings nur als schöne Blattpflanze – im Blumengarten. In öffentlichen Parks wird sie auch heute noch häufig großflächig angepflanzt, da sie sich leicht aus Samen ziehen lässt. Die hier auch „Schwarznessel" genannte, einen Meter hohe, buschige Pflanze mit den großen, dekorativ gewellten und tief eingesägten purpurfarbenen Blättern hat als Zier- und Nutzpflanze für private Gärten vielleicht noch eine große Zukunft vor sich, da sie verhältnismäßig unproblematisch ist. Sie ist allerdings frostempfindlich, und der Standort sollte warm und sonnig, aber auch etwas feucht sein. Ihre rosa bis weißen Blüten öffnen sich erst im September. Sie können auch in der Küche verwendet werden. Das stattliche, dekorative Aussehen der Schwarznessel kommt in Staudenbeeten gut zur Geltung. Rhythmisch zwischen die Stauden gesetzt, bietet sie eine wunderbare Folie für aparte Farbkombinationen mit Blüten in Rot, Rosa, Violett oder Weiß. *Perilla frutescens* 'Nankinensis' var. *crispa* hat besonders stark geschlitzte und gekrauste Blätter und wird etwa 60 Zentimeter hoch. Auch im Topf gedeiht sie bestens. Die grüne Variante ist nicht so dekorativ, aber sie hat ein stärkeres Aroma, das an Kreuzkümmel erinnert.

Süßdolde

Myrrhis odorata

Die Süßdolde, auch Myrrhenkerbel oder Spanischer Kerbel genannt, wächst in Nordeuropa wild. Die farnblättrige, bis zu anderthalb Meter hohe Staude liebt frische Böden

Süßdolde
Myrrhis odorata

und lichten Schatten; Wurzeldruck von Bäumen verträgt sie jedoch nicht gut. In einer lichten Strauchrabatte oder in einem halbschattigen Teil des Kräutergartens ist sie eine interessante, schon früh austreibende und blühende Pflanze, die sich reichlich aussät, ohne jedoch lästig zu werden. Ihre weißen Blütendolden erscheinen von April bis Juni und zieren zusammen mit Tulpen, Vergissmeinnicht und blühendem Waldmeister die ansonsten noch leeren Frühlingsbeete. Später verdeckt sie dann mit ihren Blättern das vergilbende Laub der Zwiebelblumen.

Ihre zartgefiederten hellgrünen Blätter können jung in Salate und Obstsalate gemischt werden. In säurehaltigen Kompotten wie Rhabarber- und Stachelbeerkompott mildert die Beigabe von Triebspitzen die Säure und spart so Zucker ein. Auch die zarten Stängel können feingeschnitten zum Aromatisieren für Sahne, Kuchen und Dessert verwendet werden. Besonders lecker sind die weichen, noch grünen Samen. Die braunen, hartschaligen reifen Samen werden in England gemahlen als Gewürz für Apple-Pie verwendet. Dort ist die Süßdolde viel bekannter als bei uns. All ihre Teile wurden in vergangenen Jahrhunderten genutzt: die duftenden Samen als Möbelpolitur, Wurzel und Blätter als stimulierender und verdauungsfördernder Tee und Früchte, Blätter und die zarten weißen Blüten als Gewürz.

Thymian

Thymus

Der niedrige aromatische Halbstrauch *Thymus vulgaris* mit den schmalen eliptischen, graugrünen Blättchen ist das typische Kraut des Südens. Die Mittelmeerküche ist ohne Thymian und Rosmarin, die beide so gut zu Knoblauch und Olivenöl passen, nicht vorstellbar. Zur Blütezeit leuchten felsige, kalkhaltige Südhänge in lila Farbtönen, dazwischen blühen der buschige Rosmarin mit blassblauen Blüten, Lavendel und Zistrosen in Creme und in Pink. In Kultur ist der Thymian nur eine kurzlebige Pflanze, da unsere Winter zu kalt und zu nass sind. Der Standort im Garten kann für ihn gar nicht sonnig und trocken genug sein. Es gibt viele Arten und Sorten, mit einer Fülle von aromatischen Düften und Geschmacksnuancen, die auch als Zierpflanzen angeboten werden.

Das antiseptisch wirkende Kraut wurde in vielen Kulturen als Räuchermittel gebraucht. Römische Soldaten badeten vor dem Kampf in Thymianwasser, um sich zu kräftigen. Thymian gehörte auch in den „Vierdiebe-Essig“, der vor der Pest schützte, denn das ätherische Öl Thymol tötet Bakterien in kürzester Zeit. Die Ägypter nutzten ihn zum Einbalsamieren der Pharaonen. Heute noch wird er als wirksames Mittel in Hustensäften und Tees gegen Erkältungen, Keuchhusten und Asthma gebraucht. Regelmäßige Gaben als Würze in den Mahlzeiten sind eine angenehme Art der Gesundheitsvorsorge! Er wirkt in fetten Speisen verdauungsfördernd und passt gut zu Lamm, Ka-

Thymian
Thymus vulgaris

ninchen, Perlhuhn, Wildschwein und zu Pasteten aller Art. Zusammen mit Lorbeer und Petersilie bildet er das Bouquet garni, mit dem Suppen, Eintöpfe und Braten gewürzt werden.

Neu entdeckt hat man heutzutage die gesundheitsfördernde Wirkung der Mittelmeerküche mit ihrer reichlichen Verwendung von kräftigen Kräutern, Knoblauch, Wein, Olivenöl und viel Gemüse. Obwohl der Gartenthymian in unseren Gärten nie dieses Aroma von Sonne und Süden erreichen wird, ist er dennoch in seiner Vielfalt eines der wichtigsten Kräuter in der Küche. Sein Aroma ist am intensivsten kurz vor und während der Blüte. Die Blüten würzen besonders fein. Im Handel gibt es verschiedene Auslesen des Echten Thymians, die sich im Aroma unterscheiden. Der Französische Thymian hat ein lieblicheres Aroma, dem Englischen Thymian fehlt der harzige Beigeschmack, den manche wiederum am Deutschen Thymian schätzen. Wem es also beim Kochen auf die feinen Nuancen ankommt, der muss einfach verschiedene Thymiansorten durchprobieren!

Zur Thymusgattung gehören mehr als 100 Arten und Sorten mit aufrechtem und niederliegendem Wuchs, mit Blüten in Violett, Rosa, Rot und Weiß. Ganz anders würzen die diversen Zitronenthymiane *Thymus citriodorus*, die es mit weiß- oder goldgefleckten Blättern gibt. Ihr eindeutiger frischer Zitronengeschmack passt zu milden Gemüsearten wie Spargel und Blumenkohl und sogar zu Süßspeisen, in Salate, aber auch zu Fisch.

Der einheimische Feldthymian *Thymus serpyllum*, auch Quendel genannt, ist eine ebenfalls formenreiche Art mit vielen Sorten, die von Mai bis September blühen. Er wächst wild an trockenen Wegesrändern und hat ein mildes Aroma und schwächere Würzkraft als *Thymus vulgaris*. Eine dekorative, kräftig lilarot blühende Sorte ist 'Coccineus Majus'. Der rosablühende *Thymus herba-barona* hat ein ungewöhnliches Kümmelaroma, die Varietät *Thymus herba-barona* var. *citriodorus* ein angenehmes Zitronenaroma. Es gibt aber auch einen Orangenthymian: *Thymus fragrantissimus*. Erstaunlich frosthart ist der kriechende Kaskadenthymian *Thymus longicaulis*, der sehr wuchsstark ist.
Im Garten findet sich sicherlich ein sonniges Plätzchen für diese unentbehrliche Pflanze, denn viel Platz braucht man nicht für sie. Nur der richtige muss es sein! Thymian lässt sich leicht durch Absenker vermehren, die sich oftmals auch von selbst bilden oder aussäen. So hat man schnell neue Pflänzchen zur Hand, um eventuelle „Löcher" zu stopfen. Aber auch eine Thymiantreppe wäre denkbar: Auf den Stufen lässt es sich an warmen Tagen auch sitzen. So genießt man den Duft des Krauts und fühlt sich wie im Süden. Thymian lässt sich auch sehr gut im Topf ziehen. Dort kann man ihm leicht die Bedingungen schaffen, die er so notwendig braucht. Zuunterst sollte eine ausreichende Drainage aus Tonscherben gegeben werden, damit das Wasser gut abziehen kann. Die Pflanzerde wird mit Sand und Algenkalk gemischt. Für den Thymian im Topf sollte ein

sonniger Platz auf der Terrasse oder dem Balkon ausgesucht werden.

Weinraute
Ruta graveolens

Weinraute
Ruta graveolens
Die herb-aromatische Weinraute ist eine im unteren Bereich leicht verholzende Staude, die in milden Gegenden wintergrün bleibt. Sie stammt ursprünglich aus Südeuropa, wo sie auf steinigem, trockenem Boden in voller Sonne wächst, wird aber in aller Welt wegen ihres Würzwerts kultiviert. Ihre blaugrünen, dekorativ gefiederten Blätter sind Schmuck und Würze zugleich. Sie wird 60 bis 100 Zentimeter hoch und trägt von Juli bis August grünlichgelbe Blüten. Auch ihre kantigen Samenstände sind noch dekorativ und lassen sich gut für die Vase trocknen. Eine kompakte, niedrige Zierform mit bläulichen Blättern, *Ruta graveolens* 'Jackman's Blue', ist für den Kräutergarten, aber auch für Blumenbeete eine dekorative Ergänzung. Sie ist vielseitig einsetzbar und besonders gut für niedrige Hecken geeignet. Das interessante Blattwerk in der besonderen Farbe eignet sich auch gut für Sträuße. Zusammen mit fruchtig duftenden gelben Rosen entsteht dabei ein ganz neuer, würziger Duftakkord! Die Weinraute wird seit Jahrtausenden als Heil-, Garten- und Zierpflanze genutzt. Die Ägypter, die Griechen und die Römer kannten sie schon, und im Mittelalter gehörte sie mit zu den wichtigsten Heilkräutern. Sie wurde im Capitulare Karls des Großen aufgeführt. Man nutzte sie damals als Gewürz für Wildgerichte, schrieb ihr aber auch

große Kräfte als Heilpflanze zu: Sie sollte Krankheiten, Insekten und Tiere fernhalten (die leicht giftigen Samen vertreiben Ameisen) und galt zudem als Mittel gegen die Pest. Wenn die Seuche wütete, gehörte sie daher auch in den „Vierdiebe-Essig“, mit dem sich die Diebe, die die Pesttoten beraubten, vor Ansteckung schützten. Ihrer krampflösenden, gefäßerweiternden Wirkung wegen wurde sie als Tee gegen Kopfschmerzen empfohlen. Man darf jedoch nie mehr als eine Tasse (ein Teelöffel pro Tasse) davon trinken, da er in höherer Dosis giftig wirkt. Blätter und Blüten dieser interessanten Pflanze sind mit Öldrüsen bedeckt. Bei empfindlichen Menschen ruft die Berührung der Blätter an sonnigen Tagen Hautentzündungen und Verbrennungen hervor. Eine gewisse Vorsicht dieser aparten, besonderen Pflanze gegenüber ist daher angebracht, es wäre jedoch übertrieben, ganz auf sie als Gewürz oder Heilkraut zu verzichten. An warmen Tagen geht von der Weinraute ein eigentümlich aromatischer Geruch aus. Dieses exotische Aroma mit einem Hauch von Kokosnuss wird schon durch das Mitkochen von ein bis zwei Blättchen an Suppen oder Saucen weitergegeben. Besonders gut passt der Geschmack zu Hackfleischfüllungen, zu Kartoffelsuppen und zu Käse. Und: In Italien verfeinert sie als Aromaträger außerdem den auch bei uns gern getrunkenen Grappa.
Vorsicht!: In der Schwangerschaft ist die Weinraute wegen ihrer wehenauslösenden Wirkung sogar streng verboten!

Winterhecke
Allium fistulosum

Winterhecke

Allium fistulosum

Die fast vergessene ausdauernde Kulturpflanze aus alten Bauerngärten ist mehrjährig, winterhart, robust und anspruchslos. Die Heimat der Winterhecke ist China und Sibirien. Die genügsame und anspruchslose Zwiebelpflanze zieht Bienen und Schwebfliegen ins Gemüse- und Kräuterbeet, wichtig für die Bestäubung von Gemüseblüten.

Die Laubblätter, auch Schlotten genannt, sind rund und hohl und sehen wie aufgeblasen aus. Diese ausdauernde Zwiebelart treibt sehr früh aus. In milden Wintern kann fast ganzjährig geerntet werden.

Die Winterhecke wird bis zu 40 Zentimeter hoch, einzelne Röhren können bis 70 Zentimeter hoch werden. Von Juni bis Juli erscheinen ihre attraktiven weißen Blütenkugeln. Sie sind essbar und schmecken zwiebelähnlich. Ausgezupft über Gerichte gestreut sind die Blüten eine pikante Würze.

Winterhecke wird von März bis August bevorzugt an einem sonnigen Platz ausgesät. Der Boden kann trocken bis frisch sein. Im Frühjahr und Herbst lassen sich die Horste, die sich durch Tochterzwiebeln bilden, leicht teilen.

Die dankbare Pflanze ist ideal als dauerhafte Einfassung von Kräuterbeeten oder kann in einer reizvollen Kombination mit Schnittlauchblüten und rosablühendem Thymian sogar ein Rosen- oder Blumenbeet zieren.

Der Vitamin-C-Gehalt ist fünfmal höher als bei der Küchenzwiebel.

In Streifen geschnitten oder im Ganzen kann

sie Wokgemüse anreichern, oder Glasnudelsalate, Omelett und Rührei würzen. Verwenden Sie die Winterhecke überall da, wo auch Schnittlauch passen würde. Für die beliebte Frankfurter Grüne Sauce steht die Winterhecke schon früh im Jahr zur Verfügung.

Zitronenmelisse
Melissa officinalis
Die winterharte, 50 bis 100 Zentimeter hoch werdende Staude mit mattgrünen, nesselähnlichen Blättern stammt ursprünglich aus dem Orient. Es gibt sie auch in der attraktiven, gelb-panaschierten Form 'Variegata' und der goldenen Form 'Aurea'. Die Blüte (von Juni bis August) ist weiß und unscheinbar. In der Antike und im Mittelalter wurden Lobeshymnen auf das Kraut gesungen, das vielen im Garten lästig ist, weil es sich zu reichlich aussamt. Der frische nach Zitronen duftende und schmeckende Geschmack der jungen Blätter passt zu Gemüse, Geflügel, Fisch und Salat, als Garnitur zu Desserts und als Würze zu Marmelade. Das Aroma wird durch die Verwendung von abgeriebener Zitronenschale noch verstärkt. Für die Küche wird Melisse nur frisch verwendet. Auch für Tee sind die frischen Blätter vorzuziehen. Das Aroma ist so deutlich zitroniger. Melisse wächst an sonnigen Plätzen oder im leichten Schatten. Der Boden sollte feucht sein. In der Saison häufig bis knapp über dem Boden abschneiden, sie treibt dann frisch wieder aus, das verhindert eine zu starke Aussaat, denn die Zitronenmelisse breitet sich gern überall aus.

Zitronenmelisse
Melissa officinalis

Tee aus Zitronenmelisse hilft als sanfter Phyto-Tranquilizer gegen Stress, Nervosität, Schlaflosigkeit und Wetterfühligkeit. Zu den Inhaltsstoffen gehören verschiedene Terpene, darunter Citral, Neral und Geraniol, sowie Flavonoide und Gerbstoffe. Dieser Wirkstoffkomplex ist für die beruhigende und krampfstillende Wirkung verantwortlich. Die antibakterielle Wirkung des Melissenöls ist nachgewiesen, daher ist das Kraut wohltuend bei Erkältungen. Melissentee ist besonders magenfreundlich und daher gut gegen nervöse Magen- und Darmbeschwerden sowie gegen Herzrhythmusstörungen. Melisse ist in vielen Zubereitungsformen im Handel: als Badezusatz, Tee oder Melissengeist. Zu all ihren erstaunlichen Vorzügen soll sie auch noch den Cholesterinspiegel senken.

Zitronenverbene
Lippia citriodora, syn. Aloysia triphylla

Zitronenverbene

Lippia citriodora, syn. Aloysia triphylla

Die Heimat der intensiv nach Zitrone duftenden Kübelpflanze ist Südamerika. Sie ist schon seit dem 18. Jahrhundert in Europa als Duft- und Teekraut beliebt. Von allen nach Zitrone duftenden Kräutern hat sie den reinsten, intensivsten Zitronengeruch. Eine leichte Berührung im Vorbeigehen lockt eine Wolke von Zitrusduft hervor. Um diesen Genuss oft auskosten zu können, stehen Töpfe mit Zitronenverbene am besten direkt neben Wege und Treppen. Ihre frischgrünen, lanzettlichen Blätter sind auf der Rückseite drüsig gepunktet und fühlen sich etwas rau an. Die blassblauen unscheinbaren Blü-

ten an langen Ähren erscheinen von Juni bis August.
Der Zitronenstrauch, wie er manchmal auch genannt wird, ist robust und pflegeleicht, kann in der Sonne oder im Halbschatten wachsen und ist hitzetolerant. Häufiges Ernten der Triebspitzen – nie einzelne Blätter abpflücken – verhilft zu einem kompakten Wuchs. Die Blätter werden bevorzugt vor der Blüte geerntet und an einem warmen Ort getrocknet. Sie behalten den wunderbaren Duft jahrelang.
Die Zitronenverbene wird bei uns meist in Töpfen gezogen, das macht die Überwinterung einfacher. Vor dem Frost Triebe um ein Drittel zurückschneiden, überwintern zwischen -5° C bis +10° C. Die Pflanze verliert das Laub im Winter und treibt erst spät im Mai wieder aus. Im Mittelmeerraum wird sie oft in den Garten gepflanzt, dann kann sie bis 2 m hoch werden, im Topf erreicht sie nur etwa einen Meter.
Überall in Frankreich wird gerne ein Tee, Verveine genannt, aus frischen oder getrockneten Blättern nach dem Essen getrunken. Er wirkt belebend und verhindert Völlegefühl und Blähungen. Am Abend kommt seine beruhigende Wirkung zum Tragen, die entspannt, auch bei Nervosität. Schon der Duft wirkt stimmungsaufhellend.
Der zitronengelbe bis leicht grünliche Tee wirkt auch gut bei Erkältungsbeschwerden, Magen- und Darmkrämpfen, bei Übelkeit und Prostatabeschwerden. Aber auch als Wohlfühltee, kalt oder warm getrunken ist er zu empfehlen. Zwei Teelöffel zerkleinerte

Blätter werden hierzu mit einem ¼ Liter kochendem Wasser aufgegossen, 5 bis 10 Minuten ziehen lassen.
Überall da, wo sonst Zitronenschale würzt, kann Zitronenverbene eingesetzt werden. In asiatischen Gerichten ersetzt es Zitronengras oder Kaffirlimettenblätter – einfach einen kleinen Zweig mitkochen und später entfernen oder die Blätter in feine Streifen schneiden und beim Kochen zugeben. Zum Würzen von Meeresfrüchten, Fisch und Kräuterquark, zum Aromatisieren von Essig und Öl, in Kräuterquark oder in Risotto, Obstsalat und Fruchtkompott, zu Milchreis und Vanillesauce.
Nach dem Rezept für Basilikumpesto lässt sich ein erfrischendes Zitronenpesto herstellen oder die in der Moulinette gemahlenen Blätter unter Fleur de Sel mischen, als Würze zu edlen Fischen. Ein Sirup oder ein Sorbet aus den duftenden Blättern, die auch kandiert werden können, sind weitere Möglichkeiten.
Duftsäckchen für den Kleiderschrank, Duftsträußchen im Bad oder in der Küche oder als Zutat in Potpourris: Es gibt vielfältige Möglichkeiten, diesen unwiderstehlichen Duft und den Geschmack zu genießen. Industriell wird das Aroma für Badezusätze, Parfüme, Seifen und Liköre verwendet.

Zwiebel

Allium cepa

Die Zwiebel gehört zu den ältesten Gemüsen. Seit 5000 Jahren spielt sie in den Küchen der Welt eine wesentliche Rolle. Die Vielfalt des Angebots insbesondere auf südlichen Märkten verblüfft: Es gibt weiße, gelbe, braune, purpurfarbene und rote; sie sind kugelig, birnen- und pflaumen-, sogar spindelförmig. Für jeden Zweck findet sich die passende Größe: Das Angebot reicht von der kleinen Perlzwiebel bis zur großen Gemüsezwiebel. Bei den Lauchzwiebeln sind die Zwiebelknollen kaum verdickt, sie werden im Ganzen verwendet. Mild schmecken die roten Zwiebeln, Gemüsezwiebeln und die Schalotten *Allium cepa* var. *ascalonicum*. Die normalen Küchenzwiebeln, die es überall zu kaufen gibt, sind auch die schärfsten.

Eine skurrile botanische Besonderheit ist die **Etagenzwiebel** *Allium cepa* var. *proliferum*. Sie trägt viele Namen: Ägyptische Luftzwiebel, Lebendgebärende Heckenzwiebel, Schlangenlauch oder Ewige Zwiebel; in England heißt sie „tree-onion", Baumzwiebel. Statt Blüten wachsen kleine Luftzwiebeln an der Spitze des Stängels, die manchmal noch eine weitere „Etage" bilden. Durch die Last wird der Stängel bizarr verdreht. Die Brutzwiebeln treiben oft noch an der Mutterpflanze wieder aus. Bei Bodenkontakt bewurzeln sie sich, es entstehen neue Pflanzen – ein perfekter Kreislauf, der ohne den Menschen auskommt. Wie die Winterheckenzwiebel ist sie absolut winterhart und pflegeleicht. Beide liefern auch im Winter frisches Zwiebelgrün und sind aussichtsreiche Kandidaten für den arbeitssparenden Kräuter- und Gemüsegarten.

Etagenzwiebel
Allium cepa var. *proliferum*

Die würzigen haselnussgroßen Zwiebeln lassen sich gut lagern. Sie schmecken auch roh,

aber besonders delikat sind sie mit etwas Zucker in Butter geschmort.
Die Zwiebeln und ihre Verwandten mögen Sonne und durchlässigen, nahrhaften Boden. Steckzwiebeln werden ab Mitte März gesteckt, traditionell wenn die Stachelbeeren ihre Blätter entfalten. Man sollte möglichst kleine Zwiebeln stecken, da zu große zum Schossen neigen. Ein Drittel der Zwiebel sollte noch zu sehen sein. Der Abstand innerhalb der Reihe beträgt acht bis zehn Zentimeter, zwischen den Reihen 20 Zentimeter. Es gibt inzwischen auch Wintersteckzwiebeln, die überwintern und im Frühjahr eine zeitige Ernte bringen.
Die feineren, lange haltbaren Schalotten werden ebenfalls im Frühjahr in die Erde gesteckt, sie sind in der Gourmetküche unentbehrlich. Jede Brutzwiebel bildet einen Horst Zwiebeln mit gemeinsamem Boden aus. Wer Zwiebeln selbst aussät, hat mehr Sortenvielfalt. Zuerst werden aus den zu dichten Reihen die jungen, noch grünen Exemplare geerntet und wie Lauchzwiebeln verwendet. Es spricht nichts dagegen, sie frühzeitig zu ernten, sie besitzen dann sogar mehr Nährstoffe als später.
Die restlichen Zwiebeln wachsen bis zur Reife heran. Wenn die Röhren gelb werden und abknicken, sind sie erntereif. Besonders schön ist ein Zopf aus verschiedenen Zwiebelsorten in allen Farben, der an einem luftigen Platz hängend aufbewahrt wird. Das ist außerdem die ideale Lagermethode, und je nach Bedarf ist die richtige Zwiebel stets zur Hand. Die klassische Mischkulturpflanzung

ist die Kombination Möhren mit Zwiebeln, sie halten sich gegenseitig Zwiebelfliege und Möhrenfliege fern. Gute Nachbarn sind auch Salat, Spinat, Rauke, Gurken und Tomaten. Wie aufrechte Soldaten bringen Zwiebelpflanzen Ordnung in die Beete. Interessante Muster lassen sich durch parallele Reihen, Dreiecksformen, Schlangenlinien oder Zickzackanpflanzungen erzielen. Ein großes liegendes „X", aus Zwiebeln gepflanzt, unterteilt ein Beet effektvoll und lässt vier Felder für unterschiedliche Salate frei. Für eine Dauerunterteilung eignet sich die mehrjährige Winterheckenzwiebel, die verschiedene Kräutersorten abtrennt. Die cremeweißen Blütenkugeln im Mai sind eine dekorative, essbare Zutat.

Roh wie gedünstet gehören Zwiebeln zu den gesündesten Gewürzen. Zu den Inhaltsstoffen zählen scharfe, schwefelhaltige ätherische Öle, eine insulinähnliche Substanz und Prostaglandin A, das den Blutdruck senkt.

Quercetin hemmt entzündliche Reaktionen, indem es die Ausschüttung von Histamin vermindert. Das wirkt sich günstig bei Allergien und rheumatischen Erscheinungen aus. Die Vitamine C und E, B1, B2 und B6, Folsäure, Kalium, Kalzium, Phosphor, Eisen, Silizium, Jod und Selen machen Zwiebelgerichte zur Gesundheitskost. Jede Zwiebelart hat ihre eigene Mischung, daher ist Abwechslung vorteilhaft.

Schon der Schweizer Arzt Paracelsus (1493–1541) sagte: „Die Zwiebel ist so viel wert wie eine ganze Apotheke." Er hatte Recht, wie neueste wissenschaftliche Untersuchungen bestätigen. In der Volksmedizin werden zerstoßene Zwiebeln mit Honig vermischt bei Husten und Keuchhusten eingesetzt. Sie lösen den Schleim und wirken gegen Bakterien, Viren und Pilze. Regelmäßiger Genuss roher Zwiebeln gilt als gutes Vorbeugungsmittel gegen Grippe, Schnupfen und Halsentzündung.

Bei rheumatischen Beschwerden, Schleimbeutelentzündungen, bei Migräne und Kopfschmerzen hilft eine halbierte Zwiebel, mit der die schmerzenden Stellen eingerieben werden. Frischer Zwiebelsaft kann vor Asthmaanfällen schützen. Zwiebeln regen alle inneren Schleimhäute und Verdauungsdrüsen an, aktivieren den Enzymhaushalt, entgiften und durchbluten und machen Adern und Atemwege frei. Damit nicht genug: Zwiebeln beruhigen sogar die Nerven.

Zwiebeln und Möhren ergänzen sich im Kochtopf ebenso gut wie im Garten. Auch zu Tomaten und Gurken passt die Zwiebelschärfe. Zwiebelsuppe, Zwiebelkuchen oder eine Blätterteig-Zwiebelquiche schmecken im Herbst hervorragend zum jungen Wein.

Zu Rohkost und Salat passen Lauchzwiebeln oder die milden roten Zwiebeln. Wer den Zwiebelatem fürchtet, kann sich nach dem Verzehr mit Petersilie erfrischen. Schalotten sind sogar fein genug für eine Vinaigrette, die in Frankreich zu Austern serviert wird. Sie gehören in die Beurre blanc, eine besondere Sauce zu Edelfischen. Und ein Schalottenconfit mit Cassis ist die edlere Ausführung des oben genannten Hausmittels gegen Erkältung, purer Genuss und gesund dazu.

Mediterrane Kräuter wie der Salbei *Salvia officinalis* lieben sonnige Plätze und durchlässigen Boden. Hier wächst die Sorte 'Purpurascens', die auch küchentauglich ist. Zusammen mit dem hellen Grün des Gewürzfenchels passt sie auch in ein Blumenbeet.

Folgende Doppelseite:
Die vielfältigen Minzen sind nicht nur Teekräuter, sondern auch erfrischende Zugaben in vielen Gerichten. Im Korb sind die Grüne Minze, die gelbbunte Ingwerminze und die weißgefleckte Ananasminze zu sehen, oben links die Kapuzinerkresse 'Alaska' mit weißgezeichneten Blättern.

Rezepte – wohlschmeckend und gesund

Die aromatischen Kräuter passen besonders gut zu einer Vier-Jahreszeiten-Küche, die sich an den frischen Produkten der Saison orientiert. Kräuter können bei geschickter Auswahl von den ersten Frühlingstagen bis in den späten Winter im eigenen Garten geerntet werden.

Lücken in der durchgängigen Versorgung sind mit getrockneten oder konservierten Kräutern in Essigen und Ölen, Kräuterpasteten und Marmeladen leicht zu schließen. Die vielfältigen Würzmöglichkeiten machen Kräuter in der Küche für ambitionierte Köche fast unverzichtbar!

Für alle, die eine große Auswahl an Kräutern angepflanzt haben, wird ein Spaziergang durch den Garten viele gute Anregungen zum Kochen liefern. Wenn die Pimpinelle besonders üppig dasteht – warum nicht eine leckere und gleichzeitig magenfreundliche Pimpinellensuppe daraus kochen? Und wenn sich die Minze zu stark ausgebreitet hat, können einige Ausläufer einfach entfernt und zu einem köstlichen, anregenden Tee aufgebrüht werden oder auch eine reizvolle frischwürzige Zutat im Salat sein. So wie ein Marktbesuch den Speiseplan bestimmt, wird im Garten die Inspiration durch ein großes Sortiment beeinflusst, das in dieser Vielfalt nirgends sonst erhältlich ist.

Die Kräuterküche ist eine Wohlfühlküche, die nicht nur lecker und gesund ist, sondern sich auch besondern dekorativ anrichten lässt, zum Beispiel mit essbaren Kräuterblüten von Kapuzinerkresse, Salbei, Lavendel oder Ringelblume.

Gebratenes oder Gebackenes, wie Lammbraten mit Thymian und Rosmarin oder ein würziges Kräuterfladenbrot, verströmt köstliche Düfte in der Küche, wenn aromatische Kräuter Zutat sind. Die unterschiedlichsten Geschmacksnuancen und Aromen kann man mit dem Gaumen genießen.

Kräuter sind frisch aus dem Garten, kurz vor dem Essen geerntet, von optimaler Qualität. Deshalb müssen auch alle übrigen Zutaten von bester Qualität sein, um die Kräuterküche geschmackvoll abzurunden. Das Aroma sollte nur hervorgehoben, aber nicht übertönt werden. Für Salate und Kräuterbutter ist zum Beispiel Brechts Gewürzsalz sehr empfehlenswert, für Suppen eine gute Gemüsebrühe; beide Produkte sind im Reformhaus erhältlich. Natürlich ist auch ein selbstgekochter Gemüsefond bestens geeignet. Wenn man jedoch nicht so viel Zeit hat, sind fertige Produkte ein guter Ersatz.

Die selbstangesetzten Kräuteressige würzen angenehm mild, sie geben auch faden Treibhaussalaten im Winter einen guten Geschmack. Neutraler sind Weinessige, die von bester Qualität sein sollten, wie auch der heute zu Recht überall so beliebte italienische Balsamicoessig. Die Öle sollten ebenso von allerbester Qualität sein. Die in den Rezepten angegebenen Öl- und Essigsorten sind nur als Anregung zu verstehen, die durch andere Sorten, je nach Geschmack, ersetzt werden können. Senf gibt vielen Salat-

saucen den letzten Pfiff, besonders der körnige Senf – auch hier bitte die beste Qualität nehmen.
Salz und Pfeffer sollten immer mit der Mühle frisch gemahlen werden. Gewürze und Samen entwickeln das beste Aroma, wenn sie im Mörser zerstoßen werden.
Fast alle Rezepte sind schnell zubereitet, die Mengenangaben sind in der Regel für vier Personen gedacht. Aroma und Duft der Kräuter beflügeln die Phantasie und die Kreativität. Probieren Sie es aus!

In würzigen Chutneys und eingelegten Tomaten wird das Aroma sommerlicher Gartenfülle für den Winter konserviert. Ob rot, gelb oder grün, die Vielfalt der bunten Tomatensorten lässt sich in pikanten Zubereitungen geschmacklich und optisch einfangen – Rezepte siehe Seite 184.

Folgende Doppelseite:
In leckeren Essig- und Ölvariationen lassen sich die Kräuter einlegen oder auch wie hier mit Schafskäse und Gewürzen angereichert zu einem leichten Mahl für die sommerliche Tafel reichen.

Rezepte

Vorspeisen

4 Artischocken
1/2 Zitrone
Für die Kapuzinerkresse-Vinaigrette:
4 El Walnussöl
2 El Kapuzinerkresse-Blütenessig (Rezept siehe Seite 175)
1 Schalotte
Salz, Pfeffer
Kapuzinerkresseblüten
Für die Ringelblumensauce:
200 g Crème fraîche
1 El Sahne
1 El Basilikumessig (Rezept siehe Seite 168)
Salz, Pfeffer, Curry
Garnitur:
Ringelblumen, Kapuzinerkresseblüten

Artischocken mit Blütensaucen

Die Blattspitzen der Artischocken mit der Schere einkürzen, die Stiele abschneiden. Die Zitronenhälfte auspressen. Die Artischocken in reichlich kochendem Salzwasser mit dem Zitronensaft gar kochen. Sie sind fertig, wenn sich ein Blatt leicht herausziehen lässt. Für die Kapuzinerkresse-Vinaigrette Öl und Essig verrühren, die feingeschnittene Schalotte zugeben. Mit Salz und Pfeffer würzen und ausgezupfte Kapuzinerkresseblüten zufügen. Mit weiteren Blüten garnieren. Für die Ringelblumensauce die Crème fraîche mit Sahne und Essig verrühren. Mit Salz, Pfeffer und etwas Curry abschmecken. Die Blütenblätter von den Ringelblumen zupfen und über die Sauce streuen. Mit ganzen Ringelblumen garnieren.

Birne mit Gorgonzola auf kleinem Salatbouquet

Die Kerngehäuse der Birnen entfernen, mit gewürfeltem Gorgonzola füllen und 10 Minuten im Backofen bei 200 °C überbacken. Den freigebliebenen Rand der Birne mit Feigen-Trauben-Marmelade bestreichen. Feigen halbieren und mit je einem Teelöffel Marmelade beträufeln. Zusammen mit dem Salatbouquet auf Portionstellern anrichten. Aus

Essig, Gewürzen und Öl eine Vinaigrette rühren und über den Salat träufeln. Mit Weintrauben, Walnusskernen, Minze und Dahlienblüten – die alle essbar sind –, garnieren.

Tipp: Der Salat kann als Vorspeise, aber auch als Käsegang serviert werden. Eine ideale Ergänzung ist dazu eine fruchtige, gut gekühlte Beerenauslese.

Birne mit Gorgonzola auf kleinem Salatbouquet

2 Birnen
1 Stück Gorgonzola
Feigen-Trauben-Marmelade
4 Feigen
Salatbouquet nach Wahl (zum Beispiel Radicchio, Spinatblätter, Vogelmiere, Pimpinelle)
1 Tl Balsamico
Meersalz
Pfeffer, frisch gemahlen
2 bis 3 El Walnussöl
einige Weintrauben
einige in Butter gebratene Walnüsse
Minze
Dahlienblüten (am schönsten in dunklem Rot)

Birnen mit Frischkäse und Pimpinelle

Die Birnen halbieren und das Kerngehäuse entfernen, mit etwas Zitronensaft beträufeln, damit sie nicht braun werden. Den Frischkäse mit Sahne und Birnengeist cremig rühren, mit Salz und frischgemahlenem Pfeffer würzen. In jede Birne etwas von der Käsecreme füllen und mit Pimpinellenblättchen kranzförmig verzieren. Mit Sonnenblumenkernen bestreuen und auf Pimpinellenzweigen anrichten.

4 Birnen
1/2 Zitrone
1 Paket Frischkäse
2 El Sahne
1 El Birnengeist
Salz, Pfeffer
Garnitur:
1 El Sonnenblumenkerne, 1 Handvoll Pimpinelle

500 g feine junge Bohnen
6 El Walnussöl
2 Tl saure Sahne
2 El Weißweinessig
1 Tl Kapern
2 Schalotten, fein gehackt
2 Knoblauchzehen, fein gehackt
1/2 Bund Schnittlauch
Pfeffer
Meersalz
Garnitur:
Kapuzinerkresseblätter und -blüten
Bohnenkraut
Cocktailtomaten

Bohnenvariationen auf Kapuzinerkresseblättern

Bohnen putzen und in Salzwasser ungefähr 8 Minuten kochen (sie müssen noch knackig sein). 1/3 der Bohnen in 4 Zentimeter große Rauten schneiden, die anderen ganzlassen. Davon einen Teil bündeln und mit blanchiertem Schnittlauch zusammenbinden. Aus Essig, Pfeffer, Salz und Öl eine Vinaigrette anrühren. Die Bohnen auf einem Teller anrichten. Einen Teil der Vinaigrette mit saurer Sahne verrühren und mit den Kapern und dem mit der Schere zerkleinerten Schnittlauch über die Bohnenrauten geben. Die restliche Vinaigrette über die anderen Bohnen verteilen und je einen Teil mit gehackten Schalotten und Knoblauch bestreuen. Mit Cocktailtomaten, Kapuzinerkresseblättern und -blüten und den Kräuterblüten garnieren.

1 Bund Basilikum
1 El Pinienkerne, in der Pfanne geröstet
1 Knoblauchzehe
3 El Parmesan, frisch gerieben
Salz, Pfeffer
Olivenöl
Cocktailtomaten

Cocktailtomaten mit Basilikum-Pesto

Basilikum, Knoblauchzehe und Pinienkerne fein hacken. Mit Salz, Pfeffer und Parmesan verrühren und würzen. Olivenöl nach und nach zugeben, bis eine sämige Paste entsteht. Von den Cocktailtomaten einen Deckel abschneiden, die Tomaten aushöhlen und mit dem Pesto füllen, den Deckel wieder aufsetzen. Passt gut zu einem kalten Buffet.

Cocktailtomaten mit Basilikum-Pesto

Frühlingsgemüse in der Kohlrabischale

4 Kohlrabi
1 Bund Möhren
1 Bund Grünspargel
2 El Wein (Riesling)
2 El Butter
1 El Mehl
Sahne
Salz, Pfeffer, Fenchelspitzen

Kohlrabi schälen und halbieren. Aus dem Inneren der Hälften mit einem Melonenausstecher Bällchen formen, einen ausreichenden Rand stehenlassen. Möhren zu Kugeln schnitzen. Die Spargelspitzen abschneiden, alle Gemüsereste für eine Suppe verwenden. Die Kohlrabihälften in etwas Salzwasser 10 - 15 Minuten dünsten, dann abtropfen lassen und warmstellen. Möhren, Kohlrabikugeln und Spargelspitzen im Kochwasser knackig dünsten. Aus Butter, Mehl und dem Gemüsesud eine Sauce bereiten, mit Sahne, Wein und den Gewürzen abschmecken. Das Gemüse in die Kohlrabischalen füllen und mit der Sauce und den Fenchelspitzen anrichten. **Tipp**: Als Vorspeise oder Gemüsebeilage servieren.

1 Bund Möhren
1 Brokkoli
2 Kohlrabi
2 Stangen Lauch
1 Petersilienwurzel
1 Bouquet garni (Rezept siehe Seite 170)
1,5 l Gemüsebrühe
Für die Klößchen:
150 g Mehl
1 Ei
3 El Wasser
Salz, Pfeffer, Kräutersalz
1 Blatt Liebstöckel
Garnitur: gehackte Petersilie

Frühlingssuppe mit Liebstöckelklößchen

Das Gemüse putzen, die Möhren und die Petersilienwurzel in Scheiben, Kohlrabi in Stifte und Lauch in Ringe schneiden. Den Brokkoli in Röschen zerteilen, die Stängel schälen und in Scheiben schneiden. Das Gemüse in Butter gut andünsten, mit der Gemüsebrühe aufgießen und zum Kochen bringen. Das Bouquet garni zufügen. Aus Mehl, Ei, den Gewürzen und dem Wasser einen festen Teig bereiten und den feingehackten Liebstöckel zufügen. Kleine Klößchen abstechen und ungefähr 3 Minuten in der Suppe mitkochen. Mit gehackter Petersilie bestreuen.

500 g Tomaten
1 Römischer Salat
250 g Grünspargel
1 grüner Blumenkohl
2 El Sahne
1 Joghurt
2 El Walnussöl
2 El Weinessig
1 Schalotte
Pfeffer, Salz
Garnitur:
1 Bund glatte Petersilie
1 Bund Fenchelspitzen

Gemüsesalat mit Fenchelspitzen

Die Tomaten achteln und den Römersalat in Streifen schneiden. Vom Grünspargel nur das obere Drittel verwenden und roh halbieren. Den Blumenkohl in kleine Röschen zerteilen, in kochendem Salzwasser 2–3 Minuten blanchieren, kalt abschrecken. Die Zutaten dekorativ in einer großen Schüssel anrichten. Mit ganzen Petersilienblättern und Fenchelspitzen garnieren. Aus Sahne, Joghurt, Öl, Essig, Pfeffer, Salz und kleingehackter Schalotte eine Sauce rühren und dazu servieren.

Gründonnerstagssuppe oder Neunkräutersuppe

Kartoffeln schälen und würfeln, Wildkräuter nach Wahl – die Mischung kann variieren, nur neun Kräuter sollten es sein –, hacken und in der erhitzten Butter kurz andünsten. Mit der Brühe auffüllen, die Kartoffeln zugeben und ca. 15 Minuten köcheln lassen. Mit dem Pürierstab pürieren; Sahne, Salz und Pfeffer zufügen. Die Suppe in Teller füllen, einen Esslöffel Crème fraîche in jede Portion rühren und mit Taubnesselblüten garnieren.

500 g Kartoffeln
100 g gemischte Wildkräuter, z. B. Knoblauchsrauke, Taubnessel, Brennnessel, Giersch, Löwenzahn, Schafgarbe, Sauerampfer, Spitzwegerich, Bärlauch
Butter
1 l Gemüsebrühe
100 g Sahne
Salz, Pfeffer
4 El Crème fraîche
Garnitur: Taubnesselblüten

Kartoffelsuppe mit Fenchel

Kartoffeln schälen und würfeln, Lauch in Streifen schneiden und beides in Butter kurz andünsten. Mit Gemüsebrühe auffüllen und die durchgepresste Knoblauchzehe zufügen. 10 bis 15 Minuten köcheln lassen. Die Sahne zufügen und alles mit dem Mixstab pürieren. Den in Würfel geschnittenen Lachs und die Garnelen zugeben. Noch etwas ziehen lassen. Mit Salz, Pfeffer und Pernod abschmecken. Den Fenchel fein hacken und in die Suppe geben.

500 g Kartoffeln
1 Lauchstange
2 El Butter
1 l Gemüsebrühe
1 Knoblauchzehe
1 Becher Sahne
1 Scheibe Lachsfilet
16 Garnelen
Salz, Pfeffer
1 El Pernod
1 Bund Fenchelspitzen

400 g Kürbisfruchtfleisch
200 g Kartoffeln
2 El Butter
3/4 l Gemüsebrühe
1/4 l Milch oder Sahne

Kürbissuppe im Kürbis mit verschiedenen Saucen

Von einem mittelgroßen Kürbis einen Deckel abschneiden. Den Kürbis mit einem Löffel vorsichtig aushöhlen, dabei einen ausreichenden Rand stehenlassen, damit er stabil bleibt. In den Deckel eine Kerbe für den Suppenlöffel schneiden. Das feste Fruchtfleisch würfeln (etwas davon für die Kürbisrohkost aufheben), zusammen mit den gewürfelten Kartoffeln in der Butter kurz andünsten. Mit Brühe und Milch auffüllen, ca. 15 Minuten köcheln lassen. Mit dem Pürierstab pürieren, mit Salz und Pfeffer abschmecken und in den Kürbis füllen (Abbildung siehe folgende Doppelseite). Keinesfalls den Kürbis zum Warmhalten in den Backofen stellen, dort wird er weich. Die Suppe bleibt im Kürbis längere Zeit erstaunlich heiß! Nach Wunsch können verschiedene Beilagen und Saucen in die Suppe gerührt werden:

Beilagen und Saucen

1 Bund glatte Petersilie
2 Knoblauchzehen
1 Zitrone
Salz

Gremolata:

Die Petersilie und die Knoblauchzehen fein hacken. Die Zitronenschale abreiben und dazugeben. Mit grobgemahlenem Meersalz würzen.

1 Becher Crème fraîche
4 Thymianzweige
Salz, Pfeffer

Thymian-Crème-fraîche:

Thymian von den Zweigen ribbeln und mit der Crème fraîche sowie Salz und Pfeffer verrühren. Schmeckt auch gut mit anderen Kräutern wie Dill oder Fenchel.

Joghurt-Minzsauce:
Den Joghurt mit Zitronensaft und Zitronenschale cremig rühren. Die Minze zufügen und mit Salz und Pfeffer abschmecken.

1 Becher Sahnejoghurt
2 El Zitronensaft
1 El Zitronenschale
2 El gehackte Minze
Salz, Pfeffer

Rosmarin-Croûtons:
Die Brote würfeln und in dem heißen Fett knusprig braten. Die gehackten Knoblauchzehen und die abgestreiften Rosmarinnadeln zufügen und kurz schwenken.

4 Scheiben Graubrot
1–2 Knoblauchzehen
2 Rosmarinzweige
Öl

Gedünstete Radieschenblätter:
Die feingehackten Schalotten mit den gehackten Radieschenblättern in der Butter kurz dünsten. Mit Salz und Pfeffer würzen.

1 Bund Radieschenblätter
1–2 Schalotten
1 El Butter
Salz, Pfeffer

Radieschen- und Kürbisjulienne:
Die Radieschen und das aufgehobene Kürbisfruchtfleisch in feine Scheiben schneiden.

1 Bund Radieschen
1 Stück Kürbisfruchtfleisch

Beilagen:
Aalstückchen
Krabben
Lachsstreifen
Lachsschinken
Forellenkaviar
in der trockenen Pfanne geröstete Kürbiskerne
Alle Zutaten und die Saucen können so in die Suppe gerührt werden.

Tipp: Den Kürbis und die Zutaten auf Kürbisblättern und -ranken anrichten, mit Dill- oder Fencheldolden umlegen. Besonders dekorativ ist es, wenn die Saucen in kleine, ausgehöhlte Zierkürbisse gefüllt werden.

Folgende Doppelseite:
Die cremige Kürbissuppe, im Kürbis serviert, eignet sich mit den vielen verschiedenen Saucen und Beilagen gut als gemütliches Essen für Gäste.

200 g Mehl
100 g Butter
1 Eigelb
Salz
2 El Eiswasser
Belag:
150 g Speckwürfel
4–5 Lauchstangen
1/4 l Milch
4 Eier
2 El gehackte Kräuter (nach Wahl)

Lauchtörtchen

Aus Mehl, Butter, Eigelb, Salz und Wasser rasch einen Mürbeteig kneten, kühl stellen. Die Speckwürfel kurz anbraten, den Lauch in Ringe schneiden, waschen, zum Speck geben und mitdünsten. Den Teig ausrollen und gefettete Tarte-Förmchen damit auslegen. Milch und Eier verquirlen und zu der Lauch-Speck-Mischung geben, mit Kräutern, Salz und Pfeffer abschmecken. Mischung in die Förmchen füllen, bei 200 °C 30 Minuten backen.

500 g roter oder grüner Mangold
2–4 Knoblauchzehen
Olivenöl
Meersalz
Pfeffer, frisch gemahlen

Mangold mit Knoblauch

Mangold waschen, Stiele abschneiden und die Fäden abziehen. Stiele in Stücke schneiden, die Blätter in Streifen. Knoblauch pellen und in Scheiben schneiden; in Olivenöl andünsten und die Mangoldstiele hinzufügen. Kurz dünsten, dann die Blätter zugeben und ca. 2 Minuten weiterdünsten. Mit Salz und Pfeffer abschmecken.

Marinierte Zucchini

4 kleine Zucchini
4 dünne Lauchstangen
2 El Walnussöl
1 El Zitronensaft
Salz und Pfeffer
1 El gemischte Kräuter, z. B. Zitronenmelisse und Zitronenthymian

1 El Öl erhitzen und den in Stücke geschnittenen Lauch und die Zucchinischeiben darin glasig dünsten. Aus dem restlichen Öl, Zitronensaft, Salz und Pfeffer eine Marinade rühren, mit den Kräutern über das Gemüse geben. Gut durchziehen lassen.

Tipp: Dazu passt eine Joghurt-Minzsauce (Rezept siehe Seite 141).

Möhrenpäckchen mit einem Band aus Winterhecke

2 Bund Möhren
150 g Crème fraîche
Winterhecke (alternativ wenn nicht vorhanden Schnittlauch)
1 El Mayonnaise
1 Tl Estragonsenf
1 Tl rosa Pfeffer
Salz, Pfeffer
Garnitur: Winterheckenblüten

Die Möhren schälen, etwas vom Stängelansatz stehenlassen. In wenig Salzwasser nicht zu weich kochen und abtropfen lassen. Auf einem Teller anrichten. In dem Kochsud die Winterheckentriebe kurz blanchieren und jeweils 3 Möhren zu einem Päckchen binden. Dazu eine Sauce aus der Crème fraîche, dem Estragonsenf und den Gewürzen rühren. Zarte Winterheckentriebspitzen mit der Schere in Ringe schneiden und in die Sauce geben. Wenn gerade Blütezeit ist, mit den schönen Blütenkugeln der Winterhecke garnieren; ausgezupft können die Blüten dazu probiert werden.

Tipp: Mit Parmaschinken als Vorspeise servieren oder zum Abendessen reichen.

Paprika mit Schafskäse und Oregano

4–8 Paprikaschoten (je nach Größe, am schönsten sind die roten oder gelben Paprikaschoten)
1 großes Stück Schafskäse
2 Bund Frühlingszwiebeln
4–6 Tomaten
Kräuteröl (Rezept siehe Seite 176)
Oregano
Salz, Pfeffer

Paprikaschoten halbieren und aushöhlen, mit dem Schafskäse füllen. Die Frühlingszwiebeln putzen und in mundgerechte Stücke zerteilen, Tomaten achteln. Alles in eine feuerfeste Auflaufform füllen, mit dem Oregano bestreuen und mit dem Kräuteröl beträufeln. Ca. 20 Minuten bei 220 °C backen.

Paprikasuppe mit Tapenade-Crostini

1 kg Paprika (gelbe und rote)
250 g Schalotten, gehackt
Olivenöl
1 1/4 l Gemüsebrühe
2 Knoblauchzehen
1 Chilischote, gehackt
1 Stück Ingwer, gehackt
4 Kartoffeln, gewürfelt
4 Baguettescheiben
Fenchelgrün
Tapenade (Olivenpaste)
Johannisbeertomaten, gelbe und rote oder Cocktailtomaten

Paprika säubern, die Kerne entfernen und in große Stücke schneiden. Nach Farben getrennt in zwei Töpfen mit den Schalotten jeweils in etwas Olivenöl andünsten.
Mit Gemüsebrühe auffüllen und in jeden Topf eine Knoblauchzehe durch die Knoblauchpresse hineindrücken. Der roten Suppe die gehackte Chilischote zufügen, der gelben den Ingwer. Jeweils zwei gewürfelte Kartoffeln mitkochen, damit die Suppen sämig werden. Wenn alles weich ist, mit dem Mixstab pürieren. Die rote Suppe mit Cayennepfeffer, die gelbe mit etwas Curry würzen.

Beide mit Salz und Pfeffer abschmecken. Eine der Suppen in Suppenteller füllen, die andere vorsichtig in die Mitte geben. Mit dem Löffelrücken Muster „malen“. Mit Fenchelgrün und den getoasteten und mit Tapenade bestrichenen Baguettescheiben servieren. Gelbe und rote Johannisbeertomaten drüber streuen.

Radicchio mit Kaviar-Mascarpone

250 g Mascarpone
1/2 Paket Frischkäse
1 El Milch
Zitronensaft
1 Radicchio
3 El Walnussöl
2 El Lavendelessig (Rezept siehe Seite 176)
Pfeffer, Salz
Garnitur: 1 Döschen Forellenkaviar
1 Döschen Belugakaviar

Kapuzinerkresseblätter und -blüten, Chrysanthemenblüten, Dahlien, Fenchelspitzen
Mascarpone mit dem Frischkäse und der Milch cremig rühren und mit etwas Zitronensaft abschmecken. Den Radicchio entblättern und einen großen Teller damit auslegen. Aus Öl und Essig, Pfeffer und Salz eine Vinaigrette rühren und den Salat damit beträufeln. Die Mascarpone-Creme in die Mitte füllen und mit dem Kaviar, dem Fenchel, den Kapuzinerkresseblättern und den Blüten garnieren.

Rote Bete-Salat

750 g Rote Bete
100 ml Apfelessig
1 Lorbeerblatt
3 Pimentkörner
2 Nelken
1 Tl Honig
Meersalz, Pfeffer, frisch gemahlen
2 El Crème fraîche
1 Bund Schnittlauch

Rote Bete waschen und in Salzwasser 30 Minuten kochen und abkühlen lassen. In der Zwischenzeit Apfelessig und Honig verrühren und die Gewürze zufügen. Die Schale abziehen und die Rote Bete in Stücke schneiden und mit dem Würzessig vermengen. Gut durchziehen lassen. Mit Schnittlauchröllchen und Crème fraîche garnieren.

Saisonsalat „Blühender Garten“

1 Romanasalat
Salate nach Wahl, zum Beispiel Lollo Rosso und Eichblattsalat
1 Handvoll Etagenzwiebeln
1 El Nussöl
1 Tl Zucker
4 kleine Ziegenkäse
Für die Vinaigrette:
3 El Nussöl
1 Tl Zitronensaft
1 Tl Balsamicoessig
Mandelstifte
Meersalz
Pfeffer, frisch gemahlen
Garnitur: essbare Blüten zum Beispiel Ringelblumen, Taglilien, Monarde, Borretschblüten, Kapuzinerkresseblüten, Basilikum- oder Minzeblättchen
Johannisbeerrispen
Himbeeren

Romanasalat in Streifen schneiden und auf den ganzen Blättern des Eichblattsalats zusammen mit Lollo Rosso auf Portionstellern anrichten. Die Zwiebeln pellen und in einem Esslöffel Öl in der Pfanne etwas andünsten, mit Zucker bestreuen und karamelisieren lassen. Die Ziegenkäse im Backofen backen, bis sie leicht braun sind, Mandelstifte ohne Fettzugabe in der Pfanne bräunen. Aus Zitronensaft, Essig, Gewürzen und Öl eine Salatsauce rühren und über die Salatblätter träufeln. Auf jedem Teller Ziegenkäse, Zwiebeln und Beeren arrangieren und mit den Kräuterblättchen, den Blüten und den Mandelstiften garnieren.
Tipp: Je nach Saison kann der Salat immer wieder anders gemischt werden. Besonders gut passen auch Erdbeeren oder Pfirsichspalten dazu.

Salat „Monet“

1 Salat nach Wahl
1 Bund Basilikum
1 Bund Portulak
Kapuzinerkresseblätter und -blüten, Borretschblüten, Ringelblumen, Lavendelblüten und blaue Stiefmütterchen
4 El Walnussöl
2 El Basilikumessig (Rezept siehe Seite 168)
Salz, Pfeffer

Salat und Blüten auf einer Platte anrichten, so dass ein Farbdreiklang in den typischen Monetfarben Lachs, Gelb und Lilablau entsteht. Aus Öl, Essig, Salz und Pfeffer eine Vinaigrette rühren und über den Salat geben. Sofort servieren.

Tomatenauswahl mit Ziegenkäse

Eine Platte mit dekorativen Blättern (von Wein oder Feigen) auslegen. Tomaten halbieren und mit dem Ziegenkäse und den Kräutern anrichten, getrocknete, eingelegte Tomaten dazulegen. Chilischote und Zwiebelringe auf den Tomaten verteilen, mit etwas Olivenöl beträufeln und würzen.

Tomatenauswahl (zum Beispiel Birnen-, Cocktail-, Johannisbeertomaten und grüne Tomaten)
1 Stück Ziegenkäse im Weinblatt
Fenchelblüten
Oreganoblüten
getrocknete Tomaten, eingelegt
1 Chilischote, gehackt
1 Zwiebel, in Ringe geschnitten
Olivenöl
Pfeffer, frisch gemahlen
Salz

Tomatensalat „Flora“

Tomaten in Scheiben schneiden, kreisförmig auf einem großen Teller anrichten. Für die Salatsauce Essig, Öl, Meersalz und grobgeschroteten Pfeffer verrühren, über die Tomaten geben. Mit ausgezupften Ringelblumenblüten in Gelb und Orange und mit Kapuzinerkresseblüten garnieren. Die angenehm nach Anis schmeckenden Fenchelblüten, Basilikumblättchen und Borretschblüten geben zusätzliche Farbe und Würze. **Tipp**: Gut passen dazu Schafskäse, Oliven und Fladenbrot.

8 Tomaten
3 El Olivenöl
2 El Kapuzinerkresse-Blütenessig (siehe Seite 175)
Meersalz, Pfeffer
Garnitur: Ringelblumenblüten, Fenchelblüten, Kapuzinerkresseblüten, Borretschblüten, Basilikumblättchen

1 Sellerieknolle
1 Apfel
1 El Rosinen, in Calvados eingelegt
1-2 El Mayonnaise
1 El Walnussöl
2 El Sahne
Saft von 1 halben Zitrone
Salz, Pfeffer, frisch gemahlen
glatte Petersilie (gehackt)
Salatblätter
5 Walnüsse
blaue Weintrauben

Waldorf-Salat

Die Sellerieknolle waschen und im Ganzen in Salzwasser garen, aber nicht zu weich kochen. Schälen und die holzigen Teile entfernen. In Scheiben und dann in Streifen schneiden. Apfel in dünne Schnitze zerteilen und alle Zutaten bis auf glatte Petersilie, Salatblätter, Weintrauben und Walnüsse miteinander vermengen. Weintrauben halbieren und entkernen und zusammen mit den Walnüssen auf den Salat legen, der mit Salatblättern und Petersilie umrandet wird.

4 kleine Zucchini
4 El Walnussöl
2 El Zitronensaft
Salz, Pfeffer
1–2 Handvoll Sauerampfer
Zitronenmelisse, Kresse
Garnitur: Löwenzahnblüten

Zucchini-Carpaccio (Abbildung)

Zucchini in dünne Scheiben schneiden, mit Öl und Essig marinieren. Mit grobgemahlenem Salz und Pfeffer bestreuen. Fächerartig auf einem Teller anrichten und mit den Kräutern und den Blüten garnieren.

500 g gekochte Salatkartoffeln
2 kleine gelbe Zucchini
300 g gekochte Prinzessbohnen
50 g schwarze Oliven
1 Dose Thunfisch
200 g Cocktailtomaten
Für die Sauce:
4 El Olivenöl
1 El Zitronensaft
1 El Basilikumessig (Rezept siehe Seite 168)
1 Knoblauchzehe
Salz, Pfeffer
1 Bund blühendes Bohnenkraut

Zucchinisalat mit Oliven

Kartoffeln und Zucchini in dünne Scheiben schneiden. Dazu die Bohnen, Oliven, den zerpflückten Thunfisch und die halbierten Tomaten geben. Für die Salatsauce Öl, Essig, Salz, Pfeffer und die zerdrückte Knoblauchzehe verrühren und über die Zutaten gießen. Vorsichtig durchmengen. Mit dem kleingehackten Bohnenkraut würzen.

Tipp: Schön und würzig dazu sind Kapuzinerkresse- und Thymianblüten, die zusammen mit ganzen Kräuterzweigen den Salat garnieren.

Rezepte

Hauptspeisen

2 Zwiebeln
300 g Sellerie
300 g Kartoffeln
2 Quitten
2 Äpfel
2 El Butterschmalz
1 l Gemüsefond
4 Safranfäden
200 ml Sahne
Meersalz
Pfeffer
Garnitur:
4 Esskastanien
1 Apfel, in Scheiben geschnitten
1 Zwiebel, in Ringe geschnitten
4 Blutwurstscheiben
glatte Petersilie

Apfel-Quittensuppe mit Kastanien und Blutwurst

Gemüse und Obst schälen und grob würfeln. In Butterschmalz andünsten, mit Gemüsefond auffüllen. 30 Minuten köcheln, dann pürieren und die Sahne einrühren. Nochmals aufkochen, mit den Gewürzen abschmecken. Garnitur: Esskastanien anrösten, dann in derselben Pfanne Zwiebelringe und Apfelscheiben kurz wenden. Mit Blutwurstscheiben und glatter Petersilie servieren.

500 g Brokkoli (2 Minuten blanchiert)
300 g Lachsfilet
30 g Butter
1/8 l Riesling, halbtrocken
2 Schalotten, gehackt
1/4 l Sahne
2 El Crème double
Meersalz
Pfeffer, frisch gemahlen
1 El Noilly Prat (Wermut)
Mandelstifte
Fenchelgrün
Kapuzinerkresse- und Brokkoliblüten

Brokkoli mit Lachs in Riesling-Sahnesauce

Schalotten in der Butter kurz andünsten, mit Weißwein und Sahne ablöschen. Etwas einkochen lassen, salzen und die Lachsfilets hineingeben. Bei mittlerer Hitze 10 Minuten ziehen lassen, Crème double zufügen. Mit den Gewürzen und dem Wermut abschmecken und die blanchierten Brokkoliröschen zufügen. Zu bunten Spaghetti reichen und mit in der trockenen Pfanne gebräunten Mandelstiften bestreuen. Mit Fenchelgrün und den Blüten garnieren.

Kalbsfiletröllchen mit Erbsen

Je eine Kalbsfiletscheibe mit einer Scheibe Mozzarella, einer durchgepressten Knoblauchzehe und gehacktem Basilikum würzen, aufrollen und mit einem Holzspieß be-

Brokkoli mit Lachs in Riesling-Sahnesauce

festigen. In Öl rundherum braun braten und warmstellen. Die Erbsen auspalen und in wenig Salzwasser 1 Minute kochen. In Eiswasser abschrecken und in Butter schwenken. Die Frühlingszwiebeln kurz in Öl dünsten. Mit der gehackten Minze zu den Erbsen geben. Den Bratenansatz der Kalbsfiletröllchen mit dem Mascarpone, dem Noilly Prat und wenig Wasser loskochen, mit Salz und Pfeffer würzen. Das Fleisch mit der Sauce und dem Gemüse anrichten. Dazu passt Kartoffelgratin.

Kalbsfiletröllchen mit Erbsen

8 dünne Kalbsfiletscheiben
1 Mozzarella-Käse
4 Knoblauchzehen
1 Bund Basilikum
500 g Erbsen
1 El Butter
2 Bund Frühlingszwiebeln
1 Bund Minze
1 El Mascarpone
1 El Noilly Prat
Salz, Pfeffer

1 kg Kartoffeln
3 Zweige Rosmarin
Salz, Pfeffer
Olivenöl

Kartoffeln mit Rosmarin

Die Kartoffeln schälen und vierteln. In eine gefettete Auflaufform legen und mit Öl bepinseln. Rosmarinnadeln über den Kartoffeln abstreifen und mit frisch gemahlenem Pfeffer und Meersalz bestreuen. Ca. 1 Stunde im Backofen backen. Ab und zu wenden. Zu Lammkoteletts, Schweinebraten oder Steaks servieren. Dazu passt ein grüner Salat mit etwas Knoblauch in der Marinade.

4 festkochende Kartoffeln
1 Handvoll Zuckerschoten
1 Babyzucchini mit Blüte
1 Tl Öl
1 El Weißweinessig
Pfeffer, frisch gemahlen
Meersalz
2 El Walnussöl
1 El Kürbiskernöl
1 Schalotte, gehackt
1 rote Paprika, gewürfelt
Fenchelblüten

Kartoffelsalat mit Zuckerschoten

Kartoffeln kochen, pellen und abgekühlt in Scheiben schneiden. Zuckerschoten und Zucchini nacheinander in etwas Öl kurz in der Pfanne dünsten. Essig, Gewürze, Öl und die gehackte Schalotte zu einer Vinaigrette verrühren. Kartoffelscheiben im Kreis zusammen mit den Paprikawürfeln und den Zuckerschoten anrichten und mit der Vinaigrette beträufeln. Mit Fenchelblüten garnieren.

125 g Räucherlachs
Schalotten
1 El ÖL
1 Spr. Zitronensaft
½ Tl Senf
Pfeffer und Salz
4 große mehlige Pellkartoffeln
4 El Crème fraîche
Beluga-Kaviar oder Forellenkaviar
Gewürzfenchelgrün und -blüten
1 Fenchelknolle, in feine Streifen geschnitten

Kaviarkartoffeln mit Lachstartar

Den Lachs und die Schalotten in feine Würfel schneiden. Fenchelgrün kleinhacken und zusammen mit Öl, Zitronensaft und Senf untermischen. Die Masse fest in kleine Metallringe drücken und in den Kühlschrank stellen. Zum Servieren mit der Messerspitze vorsichtig am Rand lösen und den Ring wieder entfernen. Die gekochten Kartoffeln in der Mitte einschneiden, mit Crème fraîche und Kaviar füllen und mit dem Lachstartar auf einem Teller anrichten. Mit Fenchelstreifen, -grün und -blüten garnieren.

Lachs auf Brennnesselblättern

4 Lachskoteletts
Butter
20 Brennnesselblätter
Walnussöl

Eine Auflaufform mit etwas Butter einfetten, die Lachskoteletts hineinlegen und mit wenig Butter bestreichen. Bei 180 °C im Backofen ca. 12–15 Minuten braten. Die Brennnesselblätter von den Stielen zupfen (Gummihandschuhe benutzen!) und in einer Pfanne mit etwas Öl kurz andünsten. Den Lachs auf den Brennnesselblättern anrichten. Dazu passt Wildreis oder ein lauwarmer Kartoffelsalat mit Wildkräutern.

Lammkoteletts mit Lavendel

8 Lammkoteletts
2 El Mehl
1 Ei
Salz, Pfeffer
4 El Semmelbrösel
Garnitur: einige frische Lavendelblüten, Rosmarin und Thymianzweige

Ei mit Salz und Pfeffer aufschlagen. Kräuter von den Stielen ribbeln und mit den Semmelbröseln (möglichst selbstgemacht aus 1 Tag altem Baguettebrot) vermischen. Die Koteletts zuerst in Mehl, dann in dem verquirl-

Lammkoteletts mit Lavendel

ten Ei und der Semmelbröselmischung wenden. Von jeder Seite ca. 4 Minuten goldbraun braten, mit den Kräutern garnieren. Dazu passen Baguette, Butterböhnchen und in der Pfanne kurz erhitzte Cocktailtomaten.

300 g Mehl
2 Eier
1 Prise Salz
3 El Walnussöl
6 El lauwarmes Wasser
Für die Füllung:
250 g Hackfleisch
1 Schalotte
2 Weinrautenblätter
4 Salbeiblätter
Salz, Pfeffer
Für die Sauce:
100 g Butter
16 Salbeiblätter

Ravioli mit Weinraute und Salbei

Das Mehl mit den Eiern, dem Salz, dem Öl und soviel Wasser verkneten, dass der Teig sich geschmeidig anfühlt. Mit etwas Öl bestreichen und eine Stunde ruhen lassen. Das Hackfleisch mit der feingehackten Schalotte, den feingehackten Kräuterblättchen und Salz und Pfeffer würzen. Den Teig in zwei Portionen teilen, auf einer bemehlten Arbeitsfläche 2 mm dick ausrollen. Die Hackmischung in kleinen Portionen regelmäßig auf der Teigplatte verteilen, die freien Flächen mit Wasser bepinseln. Die zweite Teigplatte darauflegen und zwischen den Füllungen gut andrücken. Die Ravioli mit einem Teigrädchen ausradeln und in kochendem Salzwasser, dem 1 El Öl zugefügt wurde, 5 Minuten garen. Für die Sauce die Butter erhitzen und die Salbeiblättchen darin knusprig braten. Zu den abgetropften Ravioli servieren.

4 Rotbarben
4 Knoblauchzehen
1 Bund Petersilie
2 El Semmelbrösel
1 Bund Thymian mit Blüten
8 Kartoffeln, festkochend
10–12 Cocktailtomaten
6 El Olivenöl
Salz
1 El Butter
2 Bund Frühlingszwiebeln

Rotbarbe mit Thymian

Die Fische (vom Fischhändler ausnehmen lassen) säubern und trocknen, von innen und außen salzen. Die Knoblauchzehen hacken, die Hälfte des Thymians abrebbeln und mit den Semmelbröseln, den Knoblauchzehen und der gehackten Petersilie vermischen. Einen Teil als Füllung in die Rotbarben geben. Die Kartoffeln schälen und in Scheiben schneiden. In Salzwasser 8 Minuten vorkochen. Eine feuerfeste Form mit Olivenöl auspinseln. Die Kartoffelscheiben hineingeben und den Fisch darauf legen. Mit der restlichen Thymianmischung bestreuen. Die Cocktailtomaten im Ganzen obenauf legen. Alles mit Olivenöl beträufeln, auf den Fisch ein paar Butterflöckchen setzen und bei 200 °C 20 Minuten im Backofen garen. Die Frühlingszwiebeln mit dem restlichen Thymian in etwas Öl in der Pfanne andünsten. Zu dem Fisch servieren. Dazu passt ein kühler Rosé.

Rotbarbe mit Thymian

Seezunge „Normandie“

Die Äpfel schälen und das Kerngehäuse entfernen, Äpfel in Scheiben schneiden. In 1 El Butter in der Pfanne kurz andünsten, mit 1 El Calvados löschen. Die restliche Butter in zwei großen Pfannen erhitzen. Die mit Zitronensaft beträufelten Seezungen durch Mehl ziehen, abklopfen, von beiden Seiten leicht bräunen und gar ziehen lassen. Zum Schluss 1 El Calvados zufügen und mit Salz und Pfeffer würzen. Auf einer Platte anrichten. Mit den Apfelscheiben belegen und mit den in Streifen geschnittenen Stängeln der Winterhecke garnieren. Dazu passen Petersilienkartoffeln, ein grüner Salat und ein trockener, kühler Weißwein.

Tipp: Zur Seezunge und den gedünsteten Äpfeln passen auch sehr gut leicht angebratene Salbeiblätter.

500 g Äpfel
1/2 Zitrone
200 g Butter
2 El Calvados
Salz, Pfeffer
4 Seezungen
Garnitur: 8 Winterheckenstängel oder
1 Bund Schnittlauch

Gefüllte Tomaten mit Wildkräutern

8 Tomaten
2 Knoblauchzehen
2 El Semmelbrösel
2 Handvoll gemischte Wildkräuter, z. B. Giersch, Knoblauchsrauke und Brennnesseln
Olivenöl
Salz und Pfeffer
geriebener Gouda

Von den Tomaten einen Deckel abschneiden, Tomaten aushöhlen (Reste für eine Tomatensauce verwenden). Wildkräuter und Knoblauchzehen mit etwas Öl in der Pfanne andünsten, würzen und die Semmelbrösel untermischen. Mischung in die Tomaten füllen und mit geriebenem Gouda bestreuen. Eine Auflaufform mit Öl auspinseln und die Tomaten hineingeben, bei 225 °C etwa 20 Minuten backen. Als Beilage zu kurzgebratenem Fleisch reichen.

Wirsingbeutel auf Estragon-Tomatensauce

1 Wirsing
8 Winterheckenstängel
250 g Hackfleisch
1 l Gemüsebrühe
1–2 Schalotten
Weinraute, Salbei, Petersilie
Für die Sauce:
500 g Tomaten
1–2 Schalotten
Estragonzweige
Öl
Garnitur: Estragonblättchen

Die inneren Wirsingblätter und die Winterhecke blanchieren und gut ausdrücken. Die Blätter halbieren und mit dem mit Schalotten und Kräutern gewürzten Hackfleisch füllen. Die kleinen Beutel mit der Winterhecke zubinden. In der Gemüsebrühe 10 bis 15 Minuten köcheln lassen. Für die Sauce die Tomaten heiß überbrühen, dann die Haut abziehen, die Tomaten würfeln und mit der kleingehackten Schalotte in Öl andünsten. 2 bis 3 Estragonzweige zufügen. Einige Zeit köcheln lassen, dann durchpassieren. Beim Anrichten auf jeden Teller einen Saucenspiegel gießen und die Wirsingbeutel darauf legen, mit ein paar Estragonblättchen garnieren. Dazu Baguette reichen.

Gebackene Wurzeln und Knollen

- 500 g Kartoffeln
- 500 g Möhren
- 250 g Pastinaken
- 250 g Zwiebeln
- ½ Stück Knollensellerie
- 1 Chilischote
- 4 Knoblauchzehen
- 200 g Joghurt
- 200 g Crème fraîche
- Schnittlauch, Kerbel, Petersilie
- Meersalz
- Olivenöl

Die Gemüse säubern und halbieren, die Zwiebeln schälen und ebenfalls halbieren. Ein Backblech mit Öl bestreichen und das Gemüse mit der Schnittfläche nach unten darauf legen. Bei 200 ° C im Backofen 30 Minuten backen. Chilischote entkernen und würfeln, Knoblauch pellen und fein hacken. Mit Olivenöl und Salz verrühren und gegen Ende der Backzeit über das Gemüse verteilen. Joghurt und Créme fraîche verrühren und die feingehackten Kräutern dazugeben. Zu dem gebackenen Gemüse reichen.

Dieses Rezept eignet sich gut für Vegetarier oder kann mit einem kurzgebratenen Fleisch nach Wahl als köstliches Hauptgericht serviert werden.

Gefüllte Zucchini

- 2 größere Zucchini
- 250 g Hackfleisch
- 1 Ei
- 1 Schalotte
- Semmelbrösel
- Pfeffer, Salz
- 1 El gemischte Kräuter, z. B. Estragon, Petersilie, Zitronenmelisse
- Geraspelter Emmentaler

Die Zucchini in größere Stücke schneiden, die Schale streifig abschälen. Das Fruchtfleisch aushöhlen und dabei einen Boden stehenlassen. Das mit Ei, Schalotte und Semmelbröseln angemachte Hackfleisch mit den gehackten Kräutern, Pfeffer und Salz vermischen und in die Zucchini füllen. Mit dem Käse bestreuen und etwa 30 Minuten bei 200 °C im Backofen dünsten.

Gefüllte Zucchiniblüten

- 8 Zucchiniblüten
- 125 g Kräuterbutter (mit Kräutern nach Wahl)
- 125 g Frischkäse

Die Zucchiniblüten aufbiegen und die Fruchtstempel entfernen. Die weiche Kräuterbutter mit dem Frischkäse verkneten und in die Blüten füllen. Mit Baguette zu einem Salat reichen.

Rezepte

Nachspeisen

500 g gemischte Beeren
250 g Sahnequark
100 g Mascarpone
100 g Sahnejoghurt
1 Eigelb
4 El Zucker
2 El Zitronensaft
2 El Wasser
4 Blatt Gelatine
500 g Sahne
einige Blätter Zitronenmelisse

Beerendessert mit Zitronenmelisse

Quark, Mascarpone und Joghurt mit Eigelb und Zucker verquirlen. Zitronensaft und Wasser erhitzen, Gelatine darin auflösen. Die Quarkmasse unterrühren und kühl stellen. Wenn die Creme geliert, die geschlagene Sahne und die Beeren unterheben. Mit ganzen Johannisbeerrispen und den Blättern der Zitronenmelisse schön angerichtet servieren.

500 g Erdbeeren
2 Kiwis
200 g Sahne
1 Tl Zucker
Süßdoldenblätter
grüne Süßdoldensamen

Fruchtspieße mit Süßdolde

Die Erdbeeren mit dem Kelch waschen, Kiwis schälen und vierteln. Abwechselnd auf Holzspießchen stecken. Die Sahne mit dem Zucker schlagen und die feingehackten Süßdoldensamen unterheben. Die Spieße auf Süßdoldenblättern anrichten und auf jeden Teller mit dem Spritzbeutel zwei Sahnehäubchen spritzen. Mit Süßdoldensamen garnieren.

Tipp: Die Süßdoldenblüten mit dem interessanten Anis-Lakritz-Aroma sind essbar und können ebenfalls zum Garnieren verwendet werden.

Käsekuchen „Angelika“

Die sehr feingehackten Angelikastängel mit dem Zucker bestreuen und über Nacht ziehen lassen. Mehl, kalte Butterflöckchen, das Ei, Zucker, Salz und das Eiswasser verkneten und eine Stunde kalt stellen. Dann den Teig ausrollen und eine Springform damit auslegen, dabei einen Rand andrücken. Mit der Gabel einstechen und 5 Minuten bei 200 °C vorbacken. Etwas auskühlen lassen. Den Quark mit den feingehackten Angelikastängeln und dem Saft, der sich gebildet hat, glattrühren. Zucker, Crème double, Salz und Eier unterrühren. Die Quarkcreme auf den vorgebackenen Boden streichen. Bei 200 °C 35–40 Minuten backen. Nach dem Abkühlen dick mit Puderzucker bestreuen.

Tipp: Zum Servieren den Kuchen in Stücke schneiden, auf einem Kranz von Angelikablättern anrichten und in die Mitte ein Angelikablatt legen.

250 g Mehl
200 g Butter
150 g Zucker
1 Ei
2 El Eiswasser
1 Prise Salz
Für die Käsecreme:
500 g Magerquark
1/4 l Crème double
200 g Zucker
4 Eier
1 Prise Salz
2 El gehackte junge Angelikastängel
1 El Zucker
Garnitur: Puderzucker, Angelikablätter

Melonenpotpourri mit Taglilien und Minze

Aus einer Honigmelone und der Wassermelone Bällchen ausstechen, den Saft dabei auffangen. Die Bällchen in dem Saft mit einem Schuss Pfirsichlikör marinieren. Die zweite Honigmelone achteln, auf Portionsteller verteilen. Die Bällchen mit dem Saft über die Melonenachtel geben. Mit den Taglilien und je einem Zweig Minze dekorieren.

2 Honigmelonen
1/2 Wassermelone
1 Likörglas Pfirsichlikör
Garnitur: Taglilien, Minze

1 kg Pellkartoffeln (am Vortag gekocht)
100 g Mehl
100 g Grieß
1 Ei
1 Tl Salz
500 g Mirabellen oder Zwetschen
50 g Butter
Zucker
Zimt
150 g Himbeeren
2 El Zucker
100 g Holunderbeeren
2 El Zucker
Minzeblättchen

Mirabellenknödel

Pellkartoffeln schälen und durch eine Kartoffelpresse drücken. Mit Mehl, Grieß, Ei und Salz zu einem Teig verkneten. Aus dem Teig eine Rolle formen und in gleichmäßige Stücke schneiden. Teigstücke in der Hand flachpressen, jeweils eine entsteinte Mirabelle hineindrücken und zu einem runden Knödel formen. In siedendem Salzwasser ungefähr 10 Minuten ziehen lassen. Abgetropft in geschmolzener Butter wenden, mit Zucker und Zimt bestreuen.
Für die Himbeer- und die Holundersauce die Früchte mit wenig Wasser und dem Zucker getrennt aufkochen und kurze Zeit köcheln lassen. Durch ein Sieb rühren und auf jeden Teller etwas von beiden Saucen füllen, darauf die Knödel anrichten. Mit einem Holzstäbchen Muster in die Saucen zeichnen und mit Minzeblättchen garnieren.

1/4 l Crème double
250 ml Milch
60 g Zucker
6–8 Pfefferminzpelargonienblätter
4 Blatt Gelatine
Garnitur: Pfefferminzpelargonienblätter, Pelargonienblüten, Puderzucker

Pannacotta mit Pfefferminzpelargonie

Crème double mit der Milch, dem Zucker und den Pelargonienblättern erhitzen. Vom Herd nehmen und 10 bis 15 Minuten ziehen lassen. Die Blätter entfernen, die eingeweichte und ausgedrückte Gelatine einrühren und die Creme abkühlen lassen. Ab und zu durchrühren. In eine kalt ausgespülte Form geben und über Nacht in den Kühlschrank stellen. Am nächsten Tag den Rand eines Tellers mit Pfefferminzpelargonienblättern auslegen und mit Puderzucker bestäuben. Die Form kurz in heißes Wasser tauchen und die Creme auf die angerichtete Platte stürzen.

Pfannkuchen mit Erdbeerkompott

Für den Pfannkuchenteig alle Zutaten mit dem Mixer verrühren. Erdbeeren verlesen und den Kelch auszupfen, einige für die Garnierung zurückbehalten. Die restlichen Beeren in der Butter kurz schmoren und Zucker, Sirup oder Honig hinzufügen.

Aus dem Teig dünne Pfannkuchen ausbacken und jeweils 1 Esslöffel Beerenkompott in die Mitte geben. Die Pfannkuchen zur Hälfte übereinanderklappen, dann zu einem Viertel zusammenlegen. Mit Puderzucker bestäuben und mit einigen frischen Erdbeeren und den Kräuterblättchen garnieren. Dazu passt Schlagsahne oder Vanilleeis.

Tipp: Je nach Saison können auch Himbeeren, Johannisbeeren, Stachelbeeren oder Kirschen für eine Mischung verwendet werden. Das Gericht schmeckt besonders gut, wenn die Pfannkuchen vor dem Füllen mit Crème double oder einer Schokoladensauce bestrichen werden.

120 g Mehl
4 Eier
50 g zerlassene Butter
1/4 l Milch
Öl zum Ausbacken
Für das Erdbeerkompott:
300 g Erdbeeren, Walderdbeeren und Moschuserdbeeren, gemischt
1 El Butter
2 El Rohrzucker, Ahornsirup oder Honig
Puderzucker
Minzeblättchen

Zwetschen mit Käsecreme

Die Zwetschen halbieren und entsteinen. Den Roquefort mit Frischkäse und 1 El Sahne zerdrücken und einen Teil der Früchte damit füllen. Den restlichen Frischkäse mit der Sahne und dem Pflaumenwein verrühren und in die Zwetschen füllen. In jede Frucht ein Blatt Zitronenmelisse stecken. Die Pflaumen können als Dessert oder als Amuse gueule gereicht werden. Dazu passt ein gekühlter japanischer Pflaumenaperitif.

500 g Zwetschen
1 Stück Roquefort
1 Paket Frischkäse
2 El Sahne
1 El Pflaumenwein (japanischer Aperitif)
Garnitur: Zitronenmelisse

Folgende Doppelseite:
Im Sommer erfrischen die köstlichen Tees aus frischen Kräutern wie z.B. Minzen, Zitronenmelisse oder Zitronenverbene.

Rezepte

Essige, Öle und anderes

4-6 Knoblauchzehen, gehackt
1 Eigelb
300 ml Olivenöl
Zitronensaft
Salz, Pfeffer

Aioli

Alle Zutaten, sie sollten Zimmertemperatur haben, in ein hohes Rührgefäß geben und mit dem Pürierstab durchmixen, bis die Creme fest wird. Aioli in ein Schälchen geben und in die Mitte einer großen Platte stellen.

Dazu passen noch warme Gemüse ringsherum angerichtet und Baguette. Gemüse nach Wahl, z.B. Bohnen, Fenchel, Spargel, Möhren, Selleriestangen, Brokkoli, Zucchini, alles gedünstet.

Tipp: Aioli passt sehr gut zu rohem Gemüse, Grillfleisch oder Garnelen. In der Provence wird die Knoblauchcreme auch zu einer speziellen Fischsuppe gereicht.

1 Fl. Pimm's No. 1
1 l Zitronenlimonade, klar
1 Orange
1/4 Gurke, ungeschält
4 Minzezweige
8 Borretschblüten

Aperitif Pimm's No. 1

Den grünen Kelch der Borretschblüten abzupfen und die Blüten in Eiswürfelschalen legen. Mit Wasser auffüllen und gefrieren lassen. In 4 Gläser zunächst einen Schuss Pimm's No. 1 geben und mit Zitronenlimonade auffüllen. Die unbehandelte Orange gut waschen und in Scheiben schneiden, die Gurke längs vierteln. In jedes Glas eine Orangenscheibe, ein Stück Gurke und einen Minzezweig geben. Mit den Blüteneiswürfeln servieren.

Apfelgelee mit Minze

2 kg nicht zu reife Äpfel
1 kg Gelierzucker
2 Zitronen
Minzezweige
Duftpelargonienblätter

Äpfel im Dampfentsafter entsaften, 1 1/2 l Saft abmessen und mit dem Gelierzucker verrühren. Die Zitronen auspressen, vorher mit dem Zestenreißer die Schale abreiben. Den Apfelsaft mit dem Gelierzucker und dem Zitronensaft erhitzen und 4 Minuten sprudelnd kochen lassen. Minzezweige zufügen und etwas abkühlen lassen. Kurz vor dem Gelieren die Minzezweige entfernen und das Gelee in heiß ausgespülte Gläser füllen. In jedes Glas 1–2 Duftpelargonienblätter von der Zitronenpelargonie zusammen mit ein paar sehr fein geschnittenen Minzeblättern geben, die abgeriebene Zitronenschale zufügen. Etwas abkühlen lassen und gut durchrühren (die Kräuterblättchen sollten in dem Gelee schweben). Die Gläser mit Twist-off-Deckeln verschließen, fünf Minuten auf den Kopf stellen, dann Gläser mit Tortenspitzendeckchen überspannen. Mit Bast oder mit einem schönen Band zubinden.

Tipp: Zur besseren Haltbarkeit kann ein rundes Blatt Einmachfolie mit Calvados angefeuchtet auf das Gelee gelegt werden.

Apfel-Meerrettichsauce

100 g Meerrettich
1 Apfel
1 El Zucker
1 El Zitronensaft
100 ml Sahne

Meerrettich und Apfel frisch reiben und sofort mit dem Zitronensaft beträufeln, damit sie nicht braun werden. Mit leicht geschlagener Sahne und Zucker vermischen. Die Apfel-Meerrettichsauce schmeckt köstlich zu gekochtem Rindfleisch wie Tafelspitz.

1 Handvoll Bärlauchblätter
1/4 l Öl

Bärlauchöl

Bärlauchblätter einen Tag antrocknen lassen. In eine schöne weithalsige Flasche geben, mit dem Öl aufgießen. 14 Tage an einem kühlen Ort ausziehen lassen, dann die Bärlauchblätter entfernen. Das Öl kühl und dunkel aufbewahren und zum Marinieren und Braten von Fleisch, zu Bratkartoffeln und zum Würzen von Salaten nutzen.

100 g Bärlauchblätter
10 g Salz
Öl

Bärlauchpaste

Die Bärlauchblätter fein schneiden und mit dem Salz abwechselnd in ein Schraubglas schichten. Mit Öl auffüllen, so dass das Kraut ganz bedeckt ist. Gut verschlossen hält sich die Paste ungeöffnet bis zu einem Jahr. Ideal zu Spaghetti mit gehobeltem Parmesan, aber auch als Würze zu Eintöpfen, Suppen und Saucen geeignet. Schön dekoriert ist die Paste ein originelles Geschenk!

3/4 l Weißweinessig (oder nach Vorschrift verdünnte Essig-Essenz)
2 Handvoll Basilikumblätter
2 Knoblauchzehen

Basilikumessig

Den Essig und die Basilikumblätter mit den Knoblauchzehen in eine schöne Flasche füllen. 10 bis 14 Tage auf der warmen Fensterbank ausziehen lassen, dann dunkel stellen. Die Basilikumblätter und der Knoblauch können in der Flasche bleiben.

2 Handvoll Basilikum
1 Knoblauchzehe
1 El Pinienkerne
5 El Parmesan, frisch gerieben
Salz, Pfeffer
Olivenöl

Basilikumpesto

Basilikum und Knoblauchzehe feinhacken. Mit Salz, Pfeffer, Parmesan und Pinienkernen im Mörser verrühren. Nach und nach so viel Olivenöl zugeben, bis eine sämige Paste entsteht. Zu Spaghetti reichen.

Bärlauchöl und Bärlauchpaste

Beurre blanc

100 g eiskalte Butter
1/4 l Weißwein
3 Schalotten
1 El Créme fraîche
1 Spritzer Weißweinessig
1 El Noilly Prat (Wermut)
Meersalz und Pfeffer
Nach Belieben zugeben: Estragon, Petersilie, Kerbel

Die Schalotten sehr fein hacken und in einem Esslöffel Butter glasig dünsten. Mit dem Wein auffüllen und sehr stark einkochen. Die kalte Butter in kleinen Stücken mit einem Schneebesen nach und nach einarbeiten, bis die Sauce eine samtige Konsistenz aufweist. Mit Essig und Noilly Prat abschmecken, Creme fraîche zufügen und würzen.
Tipp: Diese klassische Buttersauce aus der Französischen Küche passt besonders gut zu

edlen Fischen wie Seezunge oder Steinbutt, aber auch zu Spargel und zu anderem Gemüse. Frische Kräuter wie feingehackter Petersilie, Kerbel und Estragon runden den Geschmack ab.

1 Lorbeerblatt
1 Zweig Thymian
1 Zweig Liebstöckel
1 Petersilienstängel

Bouquet garni
Die Kräuter mit Küchengarn zu einem kleinen Sträußchen binden, dabei auf einer Seite den Faden möglichst lang lassen. An den Griff des Topfes binden und in der Suppe, dem Ragout oder dem Braten mitkochen lassen. Vor dem Servieren entfernen.
Tipp: Varianten sind je nach Geschmack und Rezept möglich. Zum Lorbeerblatt passen zum Beispiel Rosmarin, Thymian und Basilikum. Liebstöckel kann durch Schnittsellerie, Majoran, Oregano, Weinraute oder Lavendel ersetzt werden.

300 g reife Brombeeren
Zitronenmelisse nach Geschmack
1 l Weinessig (oder nach Vorschrift verdünnte Essigessenz)

Brombeeressig
Die Brombeeren anquetschen und in Flaschen füllen, Zitronenmelisse und Weinessig zufügen. Einige Tage auf der warmen Fensterbank ausziehen lassen. Über einen Kaffeefilter abseihen, abfüllen und dunkel lagern. Zum Verschenken in eine dekorative Flasche oder Karaffe füllen.

250 g Butter
1 El gehackte Kapuzinerkresseblüten
2 El ausgezupfte Alliumblüten von Schnittlauch, Zierlauch, Winterhecke, Knolau und Poree
Salz

Bunte Allium-Butter mit Kapuzinerkresse
Die zimmerwarme Butter mit den ausgezupften Blüten, den gehackten Kapuzinerkresseblättern und dem Salz verkneten. Mit Hilfe von Alufolie zu einer Rolle formen und einige Zeit kühlen. Zum Servieren in Scheiben schneiden. Mit Blüten dekorieren.

Campari-Cocktail mit Borretschblüten

8 El Campari
1 Fl. Grenadinesirup
1 Fl. Grapefruitsaft
1 Fl. Sekt (extra dry)
Borretschblüten

Die Borretschblüten in einer Eiswürfelschale mit Wasser einfrieren. In jedes Glas 2 El Campari und jeweils 1 Schuss Grenadine- und Grapefruitsaft geben. Mit kaltem Sekt auffüllen und die Borretsch-Eiswürfel zufügen.

Frankfurter Grüne Sauce

Die Kräuter fein hacken. Crème fraîche mit Salz, Pfeffer und Kräutersalz verrühren, die Kräuter zugeben. Mit ein paar Kräuterblättchen verzieren. Zu hartgekochten Eiern oder zu Tafelspitz reichen.

Tipp: Wer die Sauce leichter haben möchte, kann einen Teil der Crème fraîche durch Joghurt ersetzen.

400 g Crème fraîche
2 Handvoll Kräuter, z. B. Petersilie, Sauerampfer, Borretsch, Pimpinelle, Schnittlauch, Kresse, Zitronenmelisse
Salz, Pfeffer, Kräutersalz
Garnitur: Kräuterblättchen

Frühlingskräuterbutter

Die weiche Butter mit den feingeschnittenen Kräutern, Salz und Kräutersalz vermengen. Mit ganzen Schnittlauchstängeln auf Bärlauchblättern anrichten, mit Schlüsselblumen garnieren.

125 g Butter
1 Handvoll Kräuter, z. B. Schnittlauch, Knolau, Bärlauch, Petersilie, Pimpinelle
Salz, Kräutersalz
Garnitur: Schnittlauchstängel, Bärlauchblätter, Schlüsselblumen

300 g Mehl
1/2 Würfel Hefe
1/2 Tl Honig
1 Tl Salz
1/8 l Weißwein
6 El Wasser
6 El Olivenöl
2 El gemischte Kräutersamen (z. B. Anis, Koriander, Kümmel, Fenchel, Dill, Liebstöckel)
1 Bund Kräuter nach Wahl, gehackt
ein paar Salbeiblätter und Rosmarinnadeln

Fladenbrot mit Kräutern

Die Hefe mit dem Honig in eine Tasse geben, 10 Minuten stehen lassen und dann flüssig rühren. Das Mehl auf eine Platte sieben, eine Mulde in die Mitte drücken und die Hefe hineingeben, mit dem Mehl vermengen. Zucker, Salz, Wasser, Wein, Öl, Kräuter und Samen zugeben und alles verkneten. Die Zutaten sollten alle zimmerwarm sein. Den Teig mindestens 30 Minuten gehen lassen. Dann erneut kneten, zu einer Kugel formen und zu einem Fladen ausrollen. Kräuterblätter auflegen, mit Öl bepinseln, nochmals 15 Minuten gehen lassen. Bei 200 °C 20 Minuten backen.

4–5 Holunderblütendolden
2 El Holunderblütensirup
1 Zitrone
2 Fl. Weißwein
10 Minzeblättchen
250 g Erdbeeren
1–2 El Zucker
1 Fl. Sekt

Holunderbowle

Holunderblüten gut ausschütteln (nicht waschen, sie verlieren Aroma und Duft!) und mit dem Holundersirup (Rezept siehe unten) in ein Bowlegefäß geben. Die in Scheiben geschnittene, unbehandelte Zitrone zugeben, mit 1/4 l Weißwein ansetzen. Ca. 1–2 Stunden an einem kühlen Ort ziehen lassen. Die Holunderblüten entfernen, die Minzeblättchen und die gezuckerten Erdbeeren zufügen und mit dem restlichen, gut gekühlten Wein und dem Sekt auffüllen.

20 Holunderblütendolden
2 unbehandelte Zitronen
1 1/2 kg Zucker
30 g Zitronensäure
1 1/2 l Wasser

Holundersirup

Die in Scheiben geschnittenen Zitronen in ein Steingutgefäß geben, Holunderblütendolden, Zucker, Zitronensäure und kochendes Wasser zufügen. Gut umrühren. Zudecken und an einem kühlen Ort 2 bis 3 Tage ziehen lassen, öfter umrühren. Dann absie-

ben, einfrieren oder in Flaschen füllen und sterilisieren. Zum Trinken mit kaltem oder heißem Wasser (im Winter gut gegen Erkältungen) 1:4 auffüllen. Mit Mineralwasser besonders erfrischend! Zum Verschenken in dekorative Flaschen oder in eine Karaffe füllen.

2 Handvoll Blütenknospen von Gänseblümchen, Kapuzinerkresse oder Löwenzahn
1/2 Tl Salz
1/8 l Kräuteressig

Kapern aus Gänseblümchen, Kapuzinerkresse oder Löwenzahn

Zwei Handvoll noch ganz geschlossener Knospen von Gänseblümchen, Kapuzinerkresse oder Löwenzahn (oder auch gemischt) mit Salz bestreuen und ein paar Stunden stehenlassen. Den Kräuter- oder Weinessig aufkochen und mit den Knospen kurz aufwallen lassen, den Essig absieben und ein zweites Mal aufkochen. Zusammen mit den Kapern in ein kleines Schraubglas füllen und gut verschließen. Nach ein paar Tagen den Essig nochmals aufkochen und wieder über die Kapern geben. Kühl und dunkel lagern. Nach 14 Tagen kann probiert werden. Zum Verschenken den Deckel mit einem hübschen Stoffstück bespannen und das Glas etikettieren.

100 g Butter
1 Bund Estragon
2 El Kapuzinerkressekapern (Rezept siehe oben)
1 Spritzer Zitronensaft
Salz

Kapern-Estragon-Butter

Die Butter aufschäumen, Estragon und Kapern zufügen, mit Salz und Zitronensaft abschmecken. Zu Gemüse und gedünstetem Fisch reichen.

Kapuzinerkresse-Blütenessig

3/4 l Weinessig (oder nach Vorschrift verdünnte Essig-Essenz)
2 Handvoll Kapuzinerkresseblüten

Kapuzinerkresseblüten mit dem Essig in eine schöne Flasche füllen. 10 bis 14 Tage auf der warmen Fensterbank ausziehen lassen, dann dunkel stellen. Die Blüten können in der Flasche bleiben.

Käse in Kräuteröl

1 großes Stück Schafskäse
8 Knoblauchzehen
2 El Oliven
2 El getrocknete Tomaten
1 El Pfefferkörner
1 Zweig Rosmarin
2 Zweige Thymian, Olivenöl

Den Käse würfeln und mit den abgezogenen Knoblauchzehen, den in Streifen geschnittenen Tomaten (aus dem Feinkostladen oder selbstgetrocknet), den Oliven, den Kräutern und den Gewürzen in ein schönes Glasgefäß schichten. Mit Olivenöl auffüllen, so dass alle Zutaten gut bedeckt sind. An einem kühlen Ort 3 Tage ziehen lassen.

Knoblauchpaste

500 g Knoblauch
Olivenöl

Die ungeschälten Zehen durch die Knoblauchpresse drücken und mit dem Olivenöl vermischen. In ein Glas mit Schraubdeckelverschluss füllen. Hält sich bis zu vier Wochen im Kühlschrank. Angebrochene Paste im Kühlschrank aufbewahren. Messerspitzenweise für Salate, Braten, Gemüse oder Knoblauchbrot verwenden.

Kräuter-Knoblauch-Butter

100 g Butter
1 Handvoll Petersilie und Kerbel
2 Knoblauchzehen, gepresst
Salz, Pfeffer

Die Kräuter feinhacken, die Butter schaumig rühren, Knoblauch, Gewürze und Kräuter unterrühren. Schmeckt gut zu Steaks und Schweinefilet.

Kräuteröl

1/2 l Olivenöl
je 1 Zweig Rosmarin und Salbei
4 Knoblauchzehen
2 Tl Pfefferkörner
1 Tl Salz

Alle Zutaten in ein Glas füllen und eine Woche ziehen lassen. Abseihen, in eine schöne Flasche füllen und mit frischen Salbei- und Rosmarinzweigen dekorieren.

Kräuterschaum

1–2 Handvoll Kräuter (Petersilie, Estragon, Oregano, Kerbel)
100 ml Sahne
100 g Crème fraîche
Salz, Pfeffer

Die Kräuter hacken und zusammen mit den anderen Zutaten mit dem Pürierstab oder im Mixer aufschäumen. Zu gedünstetem Gemüse reichen.

Kümmelstangen

Blätterteig aus dem Kühlregal
Meersalz (Fleur de Sel)
Kümmel
1 Eigelb

Blätterteig ausrollen, in beliebig breite Streifen schneiden und spiralförmig aufdrehen. Mit verquirltem Eigelb bestreichen und mit Salz und Kümmel bestreuen. Im Backofen auf Backpapier 12 bis 15 Minuten bei 180 bis 200 °C goldbraun backen. Noch warm zu Suppen, Dips und zum Aperitif. Sie können auch Salz, Mohn, Sesam oder andere Körner nehmen.

Lavendelessig

1/2 l Weißweinessig
oder 4 Messkappen Essig-Essenz mit
1/2 l Wasser
1 Handvoll Lavendel

Den Essig in eine dekorative Flasche füllen, Blüten zufügen. 2 Wochen auf der Fensterbank ausziehen lassen, abfiltern, kühl und dunkel aufbewahren.

Tipp: Dieser Essig passt gut zu Wildkräutersalaten und zu Radicchio.

250 g Zucchini
250 g Blumenkohl
250 g Möhren
1/4 l Weinessig
1/2 l Wasser
100–150 g brauner Zucker
1 El Salz
Thymian- und Rosmarinzweige

Mixed Pickles

Zucchini und Möhren in ca. 1 cm breite und 10 cm lange Streifen schneiden, Blumenkohl in Röschen zerteilen. Das Gemüse in kochendem Salzwasser 5 Minuten garen. Mit kaltem Wasser überbrausen und in Gläser füllen. Den Essig mit dem Wasser und den Gewürzen aufkochen und über das Gemüse geben. Den Essig am nächsten Tag noch einmal aufkochen, Gläser gut verschließen. Ein kariertes, gestreiftes oder einfarbiges Stück Stoff dekorativ um den Deckel binden und ein schönes Etikett zum Beschriften aufkleben.

2 Zweige Apfelminze
4 Zweige Zitronenmelisse
1 Zweig Estragon
1 Stück Zitronenschale
Zucker oder Honig

Ninas Kräutertee

Die Kräuterzweige und die Zitronenschale im Ganzen in eine Kanne geben und mit kochendem Wasser überbrühen. 10 Minuten ziehen lassen. Nach Geschmack süßen. Eisgekühlt in einem schönen Glaskrug servieren, einen frischen Kräuterzweig als Dekoration dazugeben.

Tipp: Der Tee schmeckt besonders würzig durch den Estragonzweig. Das Mischungsverhältnis der anderen Kräuter ist variabel.

1 Bund Petersilie
2 Knoblauchzehen (zerdrückt)
80 ml Olivenöl
1 Tl Salz

Petersilienpaste

Alle Zutaten mit dem Mixstab pürieren. In kleine Schraubgläser geben und bis zum Rand mit Öl auffüllen. Kühl und dunkel lagern, nach Anbruch im Kühlschrank. Nach jeder Entnahme wieder etwas Öl dazugießen.

5–6 Knoblauchzehen
20 Pfefferkörner
1 Rosmarinzweig
1 Salbeizweig
1 Thymianzweig
1/2 l Sonnenblumenöl
Salz

Pfeffer-Kräuteröl

Kräuter einen Tag antrocknen lassen. Die Knoblauchzehen enthäuten, mit etwas Salz bestreuen und zerdrücken. Mit den Pfefferkörnern und den Kräutern in eine Flasche füllen und mit dem Öl auffüllen. 10 bis 14 Tage ziehen lassen, dann absieben. Zum Verschenken in eine hübsche Flasche oder Karaffe umfüllen, als Dekoration neue Kräuterzweige mit ein paar Pfefferkörnern hinzufügen. Für würzige Salatsaucen, aber auch zum Braten geeignet.

300 g kleine Bohnen
1/4 l Weinessig
1/2 l Wasser
1 El Salz
100 g Zucker
1/2 Tl Senfkörner
4–5 Pfefferkörner
Bohnenkraut

Prinzessbohnen süß-sauer

Die geputzten Bohnen 6 bis 8 Minuten in kochendem Salzwasser garen. Mit kaltem Wasser abschrecken. Essig, Wasser und Gewürze aufkochen, über die Bohnen gießen. Am nächsten Tag den Essig nochmals aufkochen und die Gläser wie bei den Mixed Pickles verzieren.

Tipp: Zur besseren Haltbarkeit können die Gläser auch sterilisiert werden. Dann entfällt das abermalige Erhitzen am nächsten Tag. Sauerkonserven sollten einige Zeit durchziehen, ehe sie probiert werden.

Quitten-Apfel-Gelee

1 kg Quitten
1 kg Äpfel
Gelierzucker
Pfefferminzblätter

Den Flaum der Quitten mit einem Tuch gut abreiben. Äpfel und Quitten vierteln, Blütenansatz und Stiele entfernen. Im Entsafter oder Dampfkochtopf entsaften. Den Saft aufkochen und mit Gelierzucker im Verhältnis 1:1 vier Minuten sprudelnd kochen lassen. In saubere Gläser füllen, kurz vor dem Gelieren feingeschnittene Pfefferminzblättchen unterrühren. Die Gläser gut verschließen und hübsch dekorieren.

Salsa verde

2 Bund Petersilie
1 Schalotte
2 Knoblauchzehen
2 Tl Kapern
2 Sardellen
10 El Olivenöl
1 Spritzer Zitronensaft
1 Prise Zucker
Salz

Schalotte und Knoblauchzehen schälen und etwas zerkleinern, Petersilie von den Stielen zupfen, zusammen mit den Kapern und den Sardellen mit dem Pürierstab zerkleinern und das Olivenöl unterrühren. Mit Zitronensaft, Salz und Zucker abschmecken. Zu Fisch, Fleisch oder gekochten Eiern reichen.

Sardinenpaste mit Blütenkapern

2 Dosen Ölsardinen
3–4 Sardellenfilets
100 g Butter
8–10 Cocktailtomaten
Fenchel- oder Dillzweige
2 Tl Blütenkapern
Schnittlauchblüten

Die Sardinen mit den Sardellenfilets und der Butter pürieren. Auf einem Teller anrichten, mit halbierten Cocktailtomaten belegen und mit den Kräutern und den Kapern bestreuen. Auf einem Teller anrichten, mit ausgezupften und ganzen Schnittlauchblüten garnieren.

Schalotten-Confit mit Allium-Blüten

500 g Schalotten
1 El Öl
¼ l Rotwein
2 El Cassislikör
1 El Grenadinesirup
2 El brauner Zucker oder Lavendelhonig
2 Lavendelrispen
Alliumblüten, zum Beispiel von Zierlauch, Schnittlauch oder Porree

Die Zwiebeln in dem Öl glasig dünsten, Zucker oder Honig zufügen und mit dem Rotwein ablöschen. Lavendelblüten auszupfen und zusammen mit dem Grenadinesirup zugeben. Alles 10 bis 15 Minuten köcheln lassen, bis die Flüssigkeit fast verdampft ist. Mit ausgezupften Alliumblüten anrichten.

Tipp: Das Schalotten-Confit passt besonders gut zu gebratener Entenbrust, die mit Thymian und Lavendel gewürzt wird.

Schnittlauchbutter mit Blüten

250 g Butter
2 Bund Schnittlauch
Salz
Garnitur: Schnittlauchblüten, Winterheckeblüten, Blüten von Zierlauch, z. B. *Allium aflatunense*

Schnittlauch mit der Schere in feine Streifen schneiden, mit der weichen Butter und Salz verrühren. Mit Schnittlauch- und anderen Alliumblüten garnieren.

6 bis 8 Tomaten
Meersalz
Pfeffer, frisch gemahlen
Olivenöl
3 Knoblauchzehen, gepellt
Rosmarin und Thymian, je ein Zweig

Tomaten (getrocknet) in Olivenöl

Zum Trocknen eignen sich Sorten, die nicht zu feucht sind. Die Tomaten halbieren oder vierteln, mit Meersalz und Pfeffer würzen. Auf einem Rost bei 80 °C im Backofen trocknen lassen, bis sie sich ledrig anfühlen. In Gläser geben und mit Olivenöl auffüllen. Thymian, Rosmarin und Knoblauch hinzufügen und einige Tage durchziehen lassen.

1 1/2 kg Tomaten
350 g Zwiebeln
2 Knoblauchzehen
1 Rosmarinzweig
4 Thymianzweige
1 Lorbeerblatt
1 Tl Salz
Pfeffer, frisch gemahlen
1 bis 2 El brauner Zucker
Worcestersauce

Tomaten-Ketchup

Tomaten vierteln, Zwiebeln grob zerkleinern, Knoblauchzehen durch die Presse drücken und alles zusammen mit den Kräutern und Gewürzen in einen Topf geben. Bei schwacher Hitze 30 Minuten zugedeckt köcheln lassen. Durch ein Sieb streichen und in den Topf zurückgeben, ohne Deckel zu einer Paste einkochen lassen. Mit ein paar Tropfen Worcestersauce abschmecken. In heiß ausgespülte Gläser mit Schraubdeckel füllen und sterilisieren. Lässt sich auch einfrieren.

Tomaten-Kumquat-Chutney

Tomaten und Schalotten in große Stücke schneiden, alle Zutaten zusammen mit dem Essig in einen Topf geben, zum Kochen bringen und 30 Minuten köcheln. In Twist-off-Gläser füllen und kühl aufbewahren. Passt gut zu Ziegenkäse mit einer Tomatenauswahl.

Tipp: Chutneys können je nach vorhandenen Zutaten immer wieder anders schmecken, zum Beispiel als Variante in Grün: grüne Tomaten, grüne Paprika, Ingwer, Nel-

Tomaten eignen sich besonders gut zum Konservieren wie z.B. Tomaten-Ketchup in der Flasche und getrocknete Tomaten in Olivenöl im Glas.

Tomaten-Kumquat-Chutney
500 g Tomaten
100 g Schalotten
6 Kumquats in Scheiben
1 Knoblauchzehe, gehackt
1 Stück Ingwer, gehackt
5 Pimentkörner
2 Nelken
Basilikum, gehackt
200 ml Apfelessig
70 g brauner Zucker
1 Tl Senfkörner
1 Chilischote, gehackt

ken und Schalotten. Variante in Gelb: gelbe Tomaten, gelbe Paprika, Zwiebeln, Ingwer, Zitronengras, Zimt, Apfelessig und Honig.

Wildkräuterquark mit Bärlauch

Kräuter und Schalotte fein schneiden. Quark und Crème fraîche cremig rühren, Kräuter zufügen und mit Meersalz würzen. Auf Bärlauchblättern anrichten und mit den Blüten garnieren. Dazu passen junge Pellkartoffeln und ein Salat als leichtes Frühjahrsgericht.

250 g Magerquark
150 g Crème fraîche
1 Schalotte
2 Handvoll Wildkräuter, z. B. Bärlauch, Giersch, Taubnessel, Löwenzahn, Sauerampfer, Knoblauchsrauke
Meersalz
Garnitur: Bärlauchblätter, Veilchen, Schlüsselblumen, Gänseblümchen, Bärlauchblüten

1 El Zitronenmelisse
1 El Zitronenverbene
1 El Zitronenthymian
1 Stück Ingwer
1 Stück Zitronenschale
Zitronensaft
Honig
1 l Wasser

Zitronen-Kräutertee

Den geschälten Ingwer mit dem Wasser zum Kochen bringen und etwas köcheln lassen. Den kochenden Sud über die Kräuter und die Zitronenschale gießen und 10 Minuten ziehen lassen. Abseihen und nach Geschmack etwas Zitronensaft zugeben und süßen.

Tipp: Die robuste Zitronenverbene *Aloysia triphylla* lässt sich leicht im Topf ziehen. Einzeln oder in Mischungen ist sie ein wunderbares Teekraut mit belebender Wirkung, genauso wie Pfefferminze. Sie wird im Sommer frisch verwendet. Aber selbst das trockene Kraut behält lange Zeit das zitronige Aroma.

2 Handvoll frische Kräuter (zum Beispiel Pfefferminze, Zitronenmelisse, Katzenminze, Zitronenverbene)
1 l kochendes Wasser

Zitronentee

Die Kräuter mit kochendem Wasser aufgießen und 10 Minuten ziehen lassen. Dann durchsieben und nach Geschmack süßen.

Zitronenverbenen-Granité mit Melonenbällchen in Campari

Wasser mit Zucker köcheln lassen, bis der Zucker sich aufgelöst hat. Die von den Zweigen abgestreiften Zitronenverbenenblätter hinzufügen, 5 bis 8 Minuten ziehen lassen und dann entfernen. Nachdem der Sirup abgekühlt ist, in einen Behälter füllen und für einige Stunden ins Tiefkühlfach stellen. Die Melone halbieren und die Kerne entfernen. Aus dem Fruchtfleisch mit dem Kugelausstecher kleine Kugeln ausstechen. Campari und Grenadine mischen und die Melonenkugeln darin ziehen lassen. Die gefrorene Masse aus

Zitronen-Kräutertee

dem Tiefkühlfach nehmen und mit einem Löffel Späne abschaben. Mit den Melonenbällchen in Gläsern anrichten und mit Zitronenverbenenblättern garnieren.

Tipp: Nach diesem Rezept lässt sich auch mit Rosmarin, Basilikum, Minze oder Estragon ein Granité herstellen. Wird die Masse in einer Eismaschine zubereitet, wird sie zu einem Sorbet. Statt der Melonenbällchen passt auch eine Fruchtsauce zu dem Dessert.

Zitronenverbenen-Granité mit Melonenbällchen in Campari

200 g Zucker
400 ml Wasser
1 Handvoll Zitronenverbenenblätter
1 reife Honigmelone
1/8 l Campari
2 El Grenadine

Rezeptverzeichnis

Rezepte Vorspeisen

Artischocken mit Blütensaucen 134
Birne mit Gorgonzola auf kleinem Salatbouquet 134
Birnen mit Frischkäse und Pimpinelle 135
Bohnenvariationen auf Kapuzinerkresseblättern 136
Cocktailtomaten mit Basilikum-Pesto 136
Frühlingsgemüse in der Kohlrabischale 137
Frühlingssuppe mit Liebstöckelklößchen 138
Gemüsesalat mit Fenchelspitzen 138
Gründonnerstagssuppe oder Neunkräutersuppe 139
Kartoffelsuppe mit Fenchel 139
Kürbissuppe im Kürbis 140
mit verschiedenen Saucen:
Gremolata 140
Joghurt-Minzsauce 141
Gedünstete Radieschenblätter 141
Radieschen- und Kürbisjulienne 141
Rosmarin-Croûtons 141
Thymian-Crème-fraîche 140
Lauchtörtchen 144
Mangold mit Knoblauch 144
Marinierte Zucchini 145
Möhrenpäckchen mit einem Band aus Winterhecke 145
Neunkräutersuppe 139
Paprika mit Schafskäse und Oregano 146
Paprikasuppe mit Tapenade-Crostini 146
Radicchio mit Kaviar-Mascarpone 147
Rote Bete-Salat 147
Saisonsalat „Blühender Garten“ 148
Salat „Monet“ 148
Tomatenauswahl mit Ziegenkäse 149
Tomatensalat „Flora“ 149
Waldorf-Salat 150
Zucchini-Carpaccio 150
Zucchinisalat mit Oliven 150

Rezepte Hauptspeisen

Apfel-Quittensuppe mit Kastanien und Blutwurst 152
Brokkoli mit Lachs in Riesling-Sahnesauce 152
Kalbsfiletröllchen mit Erbsen 152
Kartoffeln mit Rosmarin 154
Kartoffelsalat mit Zuckerschoten 154
Kaviarkartoffeln mit Lachstartar 154
Lachs auf Brennnesselblättern 155
Lammkoteletts mit Lavendel 155
Ravioli mit Weinraute und Salbei 156
Rotbarbe mit Thymian 156
Seezunge „Normandie“ 157
Tomaten, gefüllt, mit Wildkräutern 158
Wirsingbeutel auf Estragon-Tomatensauce 158
Wurzeln und Knollen, gebacken 159
Zucchini, gefüllt 159
Zucchiniblüten, gefüllt 159

Rezepte Nachspeisen

Beerendessert mit Zitronenmelisse 160
Fruchtspieße mit Süßdolde 160
Käsekuchen „Angelika“ 161
Melonenpotpourri mit Taglilien und Minze 161
Mirabellenknödel 162
Pannacotta mit Pfefferminzpelargonie 162
Pfannkuchen mit Erdbeerkompott 163
Zwetschen mit Käsecreme 163

Rezepte Essige, Öle und anderes

Brote und Gebäck

Fladenbrot mit Kräutern 172
Kümmelstangen 176
Rosmarin-Croûtons 141

Eingelegtes

Käse in Kräuteröl 175
Mixed Pickles 178
Prinzessbohnen süß-sauer 180
Tomaten, getrocknet, in Olivenöl 184
Zitronenverbenen-Granité mit Melonenbällchen in Campari 186

Essig

Basilikumessig 168
Brombeeressig 170
Kapuzinerkresse-Blütenessig 175
Lavendelessig 176

Öle

Bärlauchöl 168
Kräuteröl 176
Pfeffer-Kräuteröl 180

Pasten, Pesto, Marmelade, Saucen

Aioli 166
Apfelgelee mit Minze 167
Apfel-Meerrettichsauce 167
Bärlauchpaste 168
Basilikumpesto 168
Beurre blanc 169
Bouquet garni 170
Bunte Allium-Butter mit Kapuzinerkresse 170
Frankfurter Grüne Sauce 171
Frühlingskräuterbutter 171
Gremolata 140
Joghurt-Minz-Sauce 141
Kapern aus Gänseblümchen, Kapuzinerkresse oder Löwenzahn 174
Kapern-Estragon-Butter 174
Knoblauchpaste 175
Kräuter-Knoblauch-Butter 176
Kräuterschaum 176
Petersilienpaste 180
Quitten-Apfel-Gelee 181
Salsa verde 181
Sardinenpaste mit Blütenkapern 181
Schalotten-Confit mit Allium-Blüten 182
Schnittlauchbutter mit Blüten 182
Thymian-Crème-fraîche 140
Tomaten-Ketchup 184
Tomaten-Kumquat-Chutney 184
Wildkräuterquark mit Bärlauch 185

Eingelegte Gemüse in Olivenöl sind eine traditionelle Form der Konservierung in Italien, die als Antipasti auch bei uns Furore gemacht haben. Sie werden kurz in einem leichten Essig-Weinsud blanchiert und mit Olivenöl, Gewürzen und Kräutern in ein Glas geschichtet. Im Kühlschrank halten sie sich so einige Tage.

Getränke

Aperitif Pimm's No. 1 166
Campari-Cocktail mit Borretschblüten 171
Holunderbowle 172
Holundersirup 172

Tees

Lindenblütentee 13
Ninas Kräutertee 178
Zitronen-Kräutertee 186
Zitronentee 186

Folgende Doppelseite:
Der hochsommerliche Kräutergarten ist eine Augen- und Bienenweide.

Bezugsquellen

Bioland-Gärtnerei
Strickler
Lochgasse 1 (Büro und Kräuterhof)
Wormser Str. 78 (Gärtnerei)
55232 Alzey-Heimersheim
www.gaertnerei-strickler.de
(Kräuter, Wildpflanzen, Kräutertag, Veranstaltungen)

Blumenschule
Augsburger Str. 62
86956 Schongau
www.blumenschule.de
(Duftpflanzen, Kräuter)

Deaflora
Andrea Hellmich
Dr.-Wolf-Str.6
14542 Werder (Havel OT Glindow)
www.deaflora.de
(Aromapflanzen und Kräuter)

Staudengärtnerei Gaissmayer
Jungviehweide 3
89257 Illertissen
www.gaissmayer.de
(Duftpflanzen, Kräuter, essbare Blüten, Allium)

Gärtnerei helenion
Mirko Wersin
Kleine Strasse 2a
17291 Grünow
www.helenion.de
(Essbare Blüten, Wildkräuter, Duftpflanzen)

herb's
Bioland Gärtnerei & Pflanzenversand
Herbert Vinken
Stedinger Weg 16
27801 Döttlingen OT Nutteln
www.herb-s.de
(Kräuter und Duftpflanzen)

Kräuterei Bioland
Silvia Heinrich
Alexanderstr.29
26121 Oldenburg
www.kraeuterei.de
(Kräuter, Stauden, Duftpelargonien)

Syringa Duftpflanzen und Kräuter
Bachstraße 7 (Büro)
Untere Gräben (Gärtnerei)
78247 Hilzingen-Binningen
www.syringa-pflanzen.de
(Großer Duft- und Schaugarten)

Literatur

Greiner, Karin/Weber, Angelika
Kräuter
GU Pflanzenratgeber
Gräfe und Unzer Verlag
München 2008

Hudak, Renate
Kräuter selbst anbauen
GU Praxis Ratgeber Garten
München 2013

Kreuter, Marie Luise
Mein Kräuterbuch: Das Original
BLV Verlag
München 2012

Rau, Heide/Nickig, Marion
Köstliche Blüten
Rezepte aus dem Kräuter- und Blumengarten
Ellert & Richter Verlag
Hamburg 1994

Vinken, Herbert
Im Kräutergarten
Ellert & Richter Verlag
Hamburg 2007

Kräuterpflanzenregister

Fettgedruckte Seitenzahlen verweisen auf Abbildungen

A

Angelika, auch Engelwurz genannt (*Angelica archangelica*) **16**, 22, 26, 32, 46, **46**, 47, 161

Anis (*Pimpinella anisum*) 22, 24, 25, 26, 62, 63, 64, 68, 79, 149, 160, 172

Aztekisches Süßkraut (*Lippia dulcis*) 19, 26

B

Bärlauch (*Allium ursinum*) 47, **47**, 48, 49, 75, 80, 81, 139, 168, **169**, 171, 185

Basilikum (*Ocimum basilicum*) **9**, 21, 25, 26, **27**, 34, **35**, **39**, 41, 44, 50, **50**, 51, 75, 87, 108, 120, 134, 136, **137**, 148, 149, 150, 152, 153, 168, 170, 185, 187

- Anisbasilikum (*Ocimum basilicum* 'Anisum') 51
- Basilikum 'Opal' (*Ocimum basilicum* 'Opal') **39**, 51
- Buschbasilikum (*Ocimum basilicum* var. *minimum*) **39**
- Genoveser Basilikum (*Ocimum basilicum* 'Genovese') 51
- Grüngekraustes Basilikum (*Ocimum basilicum* 'Green Ruffles') **39**, 51
- Heiliges Basilikum (*Ocimun sanctum*) 51
- Italienischer Basilikum (anderer Name für das Genoveser-Basilikum) **39**
- Neapolitanisches Basilikum (*Ocimum basilicum* var.) **39**, 51
- Purpurkrauses Basilikum (*Ocimum basilicum* 'Purple Ruffles') 51
- Thailändischer Zitronenbasilikum (*Ocimum citriodorum*) **39**
- Zimtbasilikum (*Ocimum basilicum* 'Cinnamom') **39**
- Zitronenbasilikum (*Ocimum americanum*) 25, 51

Bauernsenf (anderer Name für Meerrettich) 88

Bayerische Zitrone (anderer Name für Meerrettich) 90

Beifuß (*Artemisia vulgaris*) 87

Bibernelle (alter Name für Pimpinelle) 98

Bohnenkraut (*Satureja*) 19, 21, 52, **52**, 53, 136, 150, 180

- Bergbohnenkraut (*Satureja montana*) 32, 52
- Bergbohnenkraut mit Zitronenduft (*Satureja montana* ssp. *citriodora*) 52
- Sommer-Bohnenkraut (*Satureja hortensis*) 52
- Winterbohnenkraut (anderer Name für Bergbohnenkraut) 52, 53

Borretsch (*Borago officinalis*) 53, **53**, 54, 148, 149, 166, 171

- Ausdauernder Borretsch (*Borago laxiflora*) 54

Brennnessel (*Urtica dioica*) 23, 55, **55**, 56, 57, 139, 155, 158

- Kleine Brennnessel (*Urtica urens*) 57

C

Chinesische Petersilie (andere Name für Koriander) 76

Cilantro (Name für Koriander in der Gastronomie) 76

D

Dill, auch Gurkenkraut genannt (*Anethum graveolens*) 19, 21, 22, 24, 58, **58**, 59, 65, 140, 141, 172, 181

Duftpelargonie (*Pelargonium fragrans*) 26, **35**, 41, 59, **59**, 60, 61, 167

- Apfelduftpelargonie (*Pelargonium odoratissimum*) 60
- 'Attar of Roses' (*Pelargonium capitatum*) 61
- Citronellapelargonie (*Pelargonium crispum*) 60, 61, 167
- Muskatnussduftpelargonie (*Pelargonium fragrans*) 60
- Orangenduftpelargonie (*Pelargonium citrosmum*) 59
- Pfefferminzpelargonie (*Pelargonium toentosum*) 60, 162

E

Engelwurz (anderer Name für Angelika) **16**, 26, **46**, 47

Estragon (*Artemisia dracunculus*) 19, 21, 25, 62, **62**, 63, 145, 158, 159, 169, 170, 174, 176, 178, 187

- Deutscher Estragon (*Artemisia dracunculus* var. *sativus* 'Baden-Baden') 62
- Echter Estragon (anderer Name für Französcher Estragon) 62
- Französische Estragon (*Artemisia dracunculus* var. *sativa*) 62
- Russischer Estragon (*Artemisia dracunculus* var. *inodora*) 62

F

Fenchel (*Foeniculum vulgare*) **9**, **16**, 19, 21, 22, 23, 63, **63**, 64, 65, 78, 79, 137, 138, 139, 140, 141, 146, 147, 149, 152, 154, 166, 172, 181, 187

- Bronzefenchel (*Foeniculum vulgare* atropurpureum) **19**, 64
- Gewürzfenchel (*Foeniculum vulgare* var. *dulce*) 64, 65, **125**, 154
- Wildfenchel (*Foeniculum vulgare* var. *vulgare*) 65

G

Gemeines Lauchkraut (anderer Name für Knoblauchsrauke) 72

Geranie (*Pelargonium*)

- Rosengeranien (*Pelargonium capitatum*) 59
- Zitronengeranien (*Pelargonium graveolens*) 59

Gewürztagetes (*Tagetes tenuifolia*) 26, **35**, 52, 59
Giersch (*Aegopodium podagraria*) 139, 158, 185
Goldhopfen (*Humulus lupulus* 'Aureus') **12**
Gurkenkraut (anderer Name für Dill) 54, 58
H
Herbes de Provence 22
Holunder (*Sambucus*) 162, 172
- Holundersirup 7, **27**, 172
K
Kamille (*Matricaria*)
- Kriechkamille (*Chamaemelum nobile*) 32
Kapuzinerkresse (*Tropaeolum majus*) **9**, 34, 41, 65, **65**, 66, 76, 129, 134, 136, 147, 148, 149, 150, 152, 170, 174, 175
- Kapuzinerkresse 'Alaska' (*Tropaeolum majus* 'Alaska') 66, **125**
Katzenminze (*Nepeta cataria*) 186
Kerbel (*Anthriscus cerefolium*) 19, 21, 33, 44, 62, 68, **68**, 69, 159, 169, 170, 176
Knoblauch (*Allium sativum*) 47, 48, 49, 51, 58, 69, **69**, 70, 71, 72, 74, 75, 79, 80, 81, 90, 97, 101, 111, 112, 135, 139, 140, 141, 144, 146, 150, 152, 153, 154, 156, 158, 159, 166, 168, 175, 176, 180, 181, 184, 185
- Balkanknoblauch **69**
- 'Edenrose' 70
- Hongkong-Knoblauch **69**
- Italienischer Knoblauch 'Rocambole' (*Allium sativum* var. *ophioscorodon*) **69**
- Riesenknoblauch (*Allium ampeloprasum* 'Elephant') **69**, 70
- Tunesischer Knoblauch **69**
Knoblauchsrauke (*Alliaria petiolata*) 23, 72, **72**, 73, 158, 185
Knolau, auch Schnittknoblauch genannt (*Allium tuberosum*) 74, **74**, 75, 170, 171
Koriander (*Coriandrum sativum*) 21, 22, 23, 64, 75, **75**, 76, 172
- Chinesische Petersilie (anderer Name für Koriander) 76
- Cilantro (anderer Name für Koriander) 76
Kren (anderer Name für Meerrettich) 88
Kresse (*Lepidium sativum*) 21, **21**, 25, 34, 41, 67, 77, **77**, 78, 108, 150, 171
Kümmel (*Carum carvi*) 22, 33, 58, 64, 77, **77**, 78, 79, 95, 109, 113, 172, 176
L
Lauch (*Allium*) 79, **79**, 80, 81, 82, 138, 139, 144, 145
- Gemüselauch, auch Porree genannt (*Allium porrum* var. *porrum*) 80, 170,182
- Iranischer Blumenlauch (*Allium aflatunense*) 81
- Kugellauch (*Allium sphaerocephalon*) 81
- Zierlauch 80, 81, 170, 182
Lauchkraut, gemeine (anderer Name für Knoblauchsrauke) 72
Lauchhederich (anderer Name für das gemeine Lauchkraut) 72
Lavendel (*Lavandula angustifolia*) **14**, 22, 26, 30, 32, 41, **45**, 82, **82**, 83, 84, 85, 93, 95, 101, 111, 129, 147, 155, **156**, 170, 176, 182
- Lavendel 'Hidcote Blue' (*Lavandula angustifolia* 'Hidcote Blue') 83
- Lavendel 'Munstedt' (*Lavandula angustifolia* 'Munstedt') 83
- Lavendel 'Nana Alba' (*Lavandula angustifolia* 'Nana Alba') 83
- Lavendel 'Rosea' (*Lavandula angustifolia* 'Rosea') 83
Liebstöckel, auch Maggikraut genannt (*Levisticum officinale*) 21, 22, 23, 85, **85**, 86, 138, 170, 172
Lindenblüten (*Tilia platyphyllos*) **13**
Lorbeer (*Laurus nobilis*) 22, **33**, 38, 86, **86**, 97, 112, 147, 170, 184
M
Maggikraut (anderer Name für Liebstöckel) 85
Majoran (*Origanum majorana*) 21, 87, **87**, 88, 95, 96, 170
Meerrettich, auch Bauernsenf, Kren und Bayerische Zitrone genannt (*Armoracia rustikana*) 88, **88**, 89, 90, 91, 167
- Meerrettich Variegata (*Armoracia rustikana* 'Variegata') 89
Melisse, auch Zitronenmelisse (*Melissa*) 44, 45, 47, 117, 118
Minze (*Mentha*) **14**, 19, 21, 25, 26, 30, 33, 44, 45, 92, **92**, 93, 94, 95, 100, **125**, 128, 135, 141, 148, 153, 161, 162, 163, 166, 167, 172, 187
- Ackerminze (*Mentha arvensis*) 92
- Ananasminze (*Mentha suaveolens* 'Variegata') 93, **125**
- Apfelminze (*Mentha rotundifolia* 'Bowles') 93, 178
- Englische Grüne Minze (anderer Name für Spearmint) (*Mentha spicata*) 94
- Grapefruitminze (*Mentha suaveolens* x *piperita*) 95
- Grüne Minze (*Mentha spicata* subsp. *spicata*) **125**
- Ingwerminze (*Mentha* x *gentilis* 'Variegata') 94, **125**
- Krauseminze (*Mentha spicata L.*) 95
- Lavendelminze (*Mentha* spec. 'Lavender') 95
- Limonen- und Orangenminze (*Mentha* x *piperita* var. *citrata*) 95
- Pfefferminze (*Mentha* x *piperita*) 92, 93, 181, 186
- Spearmint (siehe Englische Grüne Minze) 92, 94
- Türkische Minze (*Mentha spicata* var. *crispa*) 95

- Wassserminze (*Mentha aquatica*) 92
Myrrhenkerbel (anderer Name für Süßdolde) 109
O
Odermennig (*Agrimonia*)16
Oregano (*Origanum vulgare*) 21, 25, 52, 84, 87, 88, 95, **95**, 96, 108, 146, 149, 170, 176
- Goldoregano (*Oreganum vulgare* 'Aureum') 96
- Sizilianische Oregano (*Origanum* x *majoricum*) 88
P
Petersilie (*Petroselinum crispum*) 21, 33, 44, 62, 68, 72, 88, 96, **96**, 97, 98, 112, 124, 138, 140, 150, 152, 156, 157, 158, 159, 169,170, 171, 176, 180, 181
- Glatte Petersilie 21, 75, **96**, 151
- Krause Petersilie (*Petroselinum crispum var. crispum)* 41, **97**
Pimpinelle, auch Bibernelle genannt (*Sanguisorba minor*) 21, 25, 98, **98**, 99, 128, 135, 171
Porree (anderer Name für Gemüselauch) 80, 182
Q
Quendel (anderer Name für Feldthymian) 113
R
Rauke (*Sisymbrium*) 22, 23
Rosmarin (*Rosmarinus officinalis*) 19, 21, 26, 30, 38, 41, 72, 84, 87, 99, **99**, 100, 101, 111, 129, 141, 154, 155, 170, 172, 175, 176, 178, 180, 184, 187
- Rosmarin 'Arp' (*Rosmarinus officinalis* 'Arp') 100
- Rosmarin 'Salem' (*Rosmarinus officinalis* 'Salem') 100
- Rosmarin 'Veitshöchheim' (*Rosmarinus officinalis* 'Veitshöchheim') 100
Rote Kresse (anderer Name für Shiso/Schwarznessel) 108
S
Salbei (*Salvia officinalis*) **16**, **19**, 21, **27**, 30, 84, 101, **101**, 102, 103, 104, 105, 106, 129, 156, 157, 158, 172, 176, 180
- Albiflora Salbei *(Salvia officinalis* 'Albiflora') 102
- Ananassalbei (*Salvia rutilans*) 103
- Fruchtsalbei (*Salvia dorisiana*) 42, 104
- Honigmelonensalbei (*Salvia elegans*) 104
- Ictarine (*Salvia officinalis* 'Ictarine') 102
- Muskattellersalbei (*Salvia sclarea*) **12**, 103
- Rosea (*Salvia officinalis* 'Rosea') 102
- Rotblättriger Salbei (*Salvia officinalis* 'Purpurascens') **18**, 102, **125**
- Spanischer Salbei (*Salvia lavandulifolia*) 84, 102
- Tricolor (*Salvia officinalis* 'Tricolor') 102
- Wiesensalbei (*Salvia pratensis)* 102
Sauerampfer (*Rumex rugosus*) 13, 25, 41, 106, **106**, 107, 139, 150, 171, 185
- Sauerampfer Profusion (*Rumex acetosa* 'Profusion') 106
- Römischer Ampfer (*Rumex scuatus*) 106
- Blutampfer (*Rumex sanguineus* var. *sanguineus)* 106
- Schildampfer (anderer Name für Römischer Ampfer) 106
Schnittlauch (*Allium schoenoprasum*) 21, 25, 33, 41, 44, 69, 74, 75, 80, 81, 82, 107, **107**, 116, 117, 136, 145, 147, 157, 159, 170, 171, 181, 182
- Purpur-Schnittlauch *(Allium schoenoprasum* 'Forescate') 107
Schnittknoblauch (anderer Name für Knolau) 74, **74**
Senf (*Sinapis*) 22, 23, 67, 74, 91, 129, 130, 145, 154, 180, 185
Sellerie (*Apium*) 23, 85, 88, 91, 150, 152, 159, 166
Shiso/Schwarznessel (*Perilla frutescens*) 34, 108, **108**, 109
- Rote Kresse (anderer Name für Shiso) 108
- *Perilla fructescens* 'Nankinensis' var. *crispa* 109
Spanischer Kerbel (anderer Name für Süßdolde) 109
Süßdolde (*Myrrhis odorata*) 22, 26, 32, 109, **109**, 110, 160
- Myrrhenkerbel (anderer Name für Süßdolde) 109
- Spanischer Kerbel (anderer Name für Süßdolde) 109
Süßkraut, aztekisch (*Lippia dulcis*) 19, 26
T
Taubnessel *(Lamium*) 13, 139, 185
Tausendgüldenkraut (*Centaurium*) 16
Thymian (*Thymus*) 21, 25, 30, 32, 41, 52, 72, 84, 87, 95, 97, 101, 111, **111**, 112, 113, 116, 129, 140, 150, 155, 156, 157, **157**, 170, 175, 178, 180, 182, 184
- Deutscher Thymian 112
- Echter Thymian (*Thymus vulgaris)* 112, 113
- Englischer Thymian 112
- Feldthymian, auch Quendel genannt (*Thymus serpyllum*) **18**, 113
- Französischer Thymian 112
- Gartenthymian (anderer Name für Echter Thymian) 112
- Kaskadenthymian (*Thymus longicaulis*) 113
- Orangenthymian (*Thymus fragrantissimus*) 26, 113
- Korsische Thymian (*Thymus herba-barona)* 113
- Kriechender Zitronenthymian (*Thymus herba-barona* var. *citriodorus*) 113

- Sand-Thymian 'Coccineus' (*Thymus serpyllum* 'Coccineus Majus') 113
- Zitronenthymian (*Thymus citriodorus*) 26, 112, 145, 186

W

Waldmeister (*Galium odoratum*) 32, 110

Wanzenkraut (anderer Name für Koriander) 76

Wasabi, japanischer Meerrettich (*Eutrema japonica*) 91

Weinraute (*Ruta graveolens*) **16**, 19, 34, 114, **114**, 115, 156, 158, 170
- Jackman's Blue (*Ruta graveolens* 'Jackman's Blue') 114

Winterhecke (*Allium fistulosum*) 25, 80, 116, **116**, 117, 121, 123, 145, 157, 158, 170, 182

Z

Zimt (*Cinnamomum*) 25, 26, **39**, 162, 185

Zitrone, bayrisch (anderer Name für Meerrettich) 90

Zitronengras (*Cymbopogon*) 19, 120, 185

Zitronenmelisse, auch Melisse genannt (*Melissa officinalis*) 21, 25, 26, 44, 45, 47, 117, **117**, 118, 145, 150, 159, 160, 163, 170, 171, 178, 186
- Goldene Zitronenmelisse (*Melissa officinalis* 'Aurea') 117
- Gelbbunte Zitronenmelisse (*Melissa officinalis* 'Variegata') 117

Zitronenstrauch (anderer Name für Zitronenverbene) 119

Zitronenverbene (*Lippia citriodora*, syn. *Aloysia triphylla*) **27**, 118, **118**, 119, 120, 163, 186, 187

Zwiebel (*Allium cepa*) 49, 70, 71, 79, 80, 81, 82, 107, 110, 116, 120, 121, 122, 123, 124, 149, 152, 159, 182, 184
- Ägyptische Luftzwiebel (anderer Name für Etagenzwiebel) 121
- Baumzwiebel, engl. 'Tree-onion' (anderer Name für Etagenzwiebel) 121
- Etagenzwiebel (*Allium cepa* var. *proliferum*)121, **121**, 148
- Ewige Zwiebel (*Allium cepa* var. *perutile*) 121
- Frühlingszwiebel (anderer Name für Lauchzwiebel, Winterheckenzwiebel) 146, 153, 156, 157
- Gemüsezwiebel (*Allium cepa* var. *cepa*) 121
- Heckenzwiebel (anderer Name für Etagenzwiebel) 121
- Küchenzwiebel (*Allium cepa*) 116, 121
- Lebendgebärende (anderer Name für Etagenzwiebel) 121
- Lauchzwiebel (anderer Name für Frühlingszwiebel) 122, 124
- Perlzwiebel (*Allium porrum* var. *sectivum*) 121
- Rote Zwiebeln 121
- Schalotten (*Allium cepa* var. *ascalonicum*) 121, 122, 124, 134, 136, 138, 141, 146, 152, 154, 156, 158, 159, 169, 181, 182, 184, 185
- Schlangenlauch (anderer Name für Etagenzwiebel) 121
- Steckzwiebeln 122
- Winterheckenzwiebel (anderer Name für Frühlingszwiebel) 123
- Wintersteckzwiebel 122

Register der botanischen Namen

Bitte die Seitenzahlen bei den deutschen Pflanzennamen nachgucken

A

Aegopodium podagraria ➔ Giersch
Agrimonia ➔ Odermennig
Alliaria petiolata ➔ Knoblauchsrauke
Allium ➔ Lauch
Allium cepa ➔ Zwiebel
Allium fistulosum ➔ Winterhecke
Allium sativum ➔ Knoblauch
Allium schoenoprasum ➔ Schnittlauch
Allium cepa var. *proliferum* ➔ Etagenzwiebel
Allium tuberosum ➔ Knolau
Allium ursinum ➔ Bärlauch
Aloysia triphylla ➔ Zitronenverbene
Anethum graveolens ➔ Dill
Angelica archangelica ➔ Angelika
Anthriscus cerefolium ➔ Kerbel
Apium ➔ Sellerie
Armoracia rustikana ➔ Meerrettich
Artemisia dracunculus ➔ Estragon
Artemisia vulgaris ➔ Beifuß

B

Borago officinalis ➔ Borretsch

C

Carum carvi ➔ Kümmel
Centaurium ➔ Tausendgüldenkraut
Cinnamomum ➔ Zimt
Coriandrum sativum ➔ Koriander
Cymbopogon ➔ Zitronengras

E

Eutrema japonica ➔ Wasabi

F

Foeniculum vulgare ➔ Fenchel

G

Galium odoratum ➔ Waldmeister

H

Humulus lupulus 'Aureus' ➔ Goldhopfen

L

Laurus nobilis ➔ Lorbeer
Lamium ➔ Taubnessel
Lavandula angustifolia ➔ Lavendel
Lepidium sativum ➔ Kresse
Levisticum officinale ➔ Liebstöckel
Lippia citriodora, syn. Aloysia triphylla ➔ Zitronenverbene
Lippia dulcis ➔ Aztekisches Süßkraut

M

Matricaria ➔ Kamille
Melissa ➔ Melisse
Melissa officinalis ➔ Zitronenmelisse
Mentha ➔ Minze
Myrrhis odorata ➔ Süßdolde

N

Nepeta cataria ➔ Katzenminze

O

Ocimum basilicum ➔ Basilikum
Origanum majorana ➔ Majoran
Origanum vulgare ➔ Oregano

P

Pelargonium ➔ Geranie
Pelargonium fragrans ➔ Duftpelargonie
Perilla frutescens ➔ Shiso
Petroselinum crispum ➔ Petersilie
Pimpinella anisum ➔ Anis

R

Rosmarinus officinalis ➔ Rosmarin
Rumex rugosus ➔ Sauerampfer
Ruta graveolens ➔ Weinraute

S

Salvia officinalis ➔ Salbei
Sambucus ➔ Holunder
Sanguisorba minor ➔ Pimpinelle
Satureja ➔ Bohnenkraut
Sinapis ➔ Senf
Sisymbrium ➔ Rauke

T

Tagetes tenuifolia ➔ Gewürztagetes
Thymus ➔ Thymian
Tropaeolum majus ➔ Kapuzinerkresse

U

Urtica dioica ➔ Große Brennnessel
Urtica urens ➔ Kleine Brennnessel

Für viele ist es eine Überraschung, dass es Tagetes gibt, die man essen kann. Die südamerikanische Küche verwendet Blätter und Blüten in ganz unterschiedlicher Weise für Speisen und Getränke. Sie zeigen viele Aromanuancen von Zitrusfrüchten. Die Sorten heißen entsprechend 'Orange Gem', 'Lemon Gem' oder 'Tangerine Gem'. Alle Gewürztagetes (Tagetes tenufolia) sind als Begleitpflanzen im Kräuter- und Gemüsegarten genauso schön wie im Blumenbeet. Diese Pflanze finden Sie nur in Kräutergärtnereien. Sie können sich jedoch auch Samen bestellen, denn sie lassen sich leicht aussäen.

SWR Fernsehen aus der Sendung „Kaffee oder Tee"

Heide Rau, Marion Nickig
Köstliche Blüten. Rezepte aus dem Kräuter- und Blumengarten
160 Seiten mit 48 Farbabbildungen
Hardcover
ISBN 978-3-89234-527-5

Vergessene Delikatessen aus dem Blütenreich

In früheren Jahrhunderten war es keineswegs außergewöhnlich, Blüten in der Küche zu nutzen: Rosenwasser für selbstgemachtes Marzipan, kandierte Rosenblüten und Veilchen für Kuchen, Gebäck und Desserts. Aroma und Duft der essbaren Blüten werden heute in der Gourmetküche wiederentdeckt. Vom einfachen Gänseblümchen über die köstlich schmeckende Taglilie bis hin zur vielbewunderten Rose, sie alle bereichern als ungewöhnliche Zutaten die festliche Tafel, aber auch die Alltagsküche.

Unkomplizierte Rezepte zeigen die Vielfalt der Möglichkeiten, die vergessenen Delikatessen für eine neue, frische und gesunde Küche zu verwenden. Die Fotos der renommierten Blumenfotografin Marion Nickig machen schon die Lektüre des Buches zum Genuss.

Herbert Vinken
Im Kräutergarten
152 Seiten, 265 Abbildungen
Hardcover
ISBN 978-3-8319-0277-4

100 Kräuter für Wellness, Gesundheit und Küchenlust
Kräutergärten vereinen moderne Trends wie Gesundheitsbewusstsein und Wellness, die neue Küchenlust und gutes Essen mit alt überliefertem Wissen um Pflanzen, die auf der ganzen Welt seit Jahrtausenden wegen ihrer würzkräftigen und heilwirksamen Inhaltsstoffe gesammelt und verwendet werden. Der vorliegende Band hilft, Kräuterpflanzen bei sich zu beheimaten – in Küche und Garten. Kenntnisreich, kurzweilig und reich bebildert werden eine Vielzahl ausgesuchter Kräuter vorgestellt.

Herbert Vinken, geb. 1962 in Aachen, gründete nach seiner Ausbildung zum Gärtner auf Stationen in Wales, im Rheinland, in Osnabrück und Süddeutschland, 1995 die Bioland-Gärtnerei herb's in Dötlingen bei Bremen. Er kultiviert dort etwa 500 ausgewählte Kräuter, Stauden, essbare Blüten und Wildobstsorten.

Hier schreibt einer, wie ihm der Schnabel gewachsen ist – nein, keinen Unsinn, der Mann weiß genau, wovon er schreibt. Aber genauso könnte er auch mit dem Leser sprechen. Und eigentlich tut er das sogar. Wie der Klappentext verrät, führt der Autor eine Gärtnerei und ist somit vermutlich die gesamte Bandbreite an Kundschaft gewöhnt: von vorsichtigen Neulingen bis zu fortgeschrittenen Kräuterenthusiasten. Dem wird auch im Buch Rechnung getragen und netterweise nicht allzuviel vorausgesetzt. Der oder die Unkundige darf sich ernst genommen fühlen.

Grüner Anzeiger für Pflanzen und Garten

Bibliografische Information der Deutschen Nationalbibliothek
Die Deutsche Nationalbibliothek verzeichnet diese Publikation in der Deutschen Nationalbibliografie; detaillierte bibliografische Daten sind im Internet über http://dnb.d-nb.de abrufbar.

ISBN 978-3-8319-0507-2

Text und Bildlegenden: Heide Rau, Bönen-Flierich
Fotos: Marion Nickig, Essen
Redaktion: Katarina Wollherr, Hamburg
Titelgestaltung: BrücknerAping Büro für Gestaltung GbR, Bremen
Lithografie: Griebel-Repro, Hamburg; ORC Offset Repro im Centrum, Hamburg
Gesamtherstellung: CPI books GmbH, Leck

www.ellert-richter.de